"十四五"职业教育国家规划教材·修订版

财 务 会 计

（第 2 版）

主　编　王　冲
副主编　康春霞　甄莉茹
参　编　倪青青　陈明秋
　　　　李志强　韩　璐

北京理工大学出版社
BEIJING INSTITUTE OF TECHNOLOGY PRESS

内 容 简 介

　　财务会计是现代会计的重要分支，是会计专业学生的一门必修课。"财务会计"课程安排在"基础会计"课程之后，为了使学生顺利对接新任务，本书在开篇设置了前导篇，旨在帮助学生温故知新，搭建新、旧知识之间的桥梁。除此之外，本书还包括十个项目：货币资金的账务处理、往来款项的账务处理、存货的账务处理、固定资产的账务处理、无形资产和其他长期资产的账务处理、职工薪酬的账务处理、应交税费的账务处理、资本资金的账务处理、财务成果的账务处理和会计报表的编制。

　　本书既可作为中等职业学校会计类专业的教学用书，又可作为国家、省、市职业教育会计技能竞赛的辅导教材，还可作为初级会计师职称考试的参考用书，另外可供企业在职财务会计人员和对财务会计有兴趣的读者参考。

图书在版编目（CIP）数据

　　财务会计／王冲主编. -- 2 版. -- 北京：北京理工大学出版社，2024.4

　　ISBN 978-7-5763-3971-0

　　Ⅰ. ①财…　Ⅱ. ①王…　Ⅲ. ①财务会计-中等专业学校-教材　Ⅳ. ①F234.4

　　中国国家版本馆 CIP 数据核字（2024）第 093867 号

责任编辑：钟　博　　文案编辑：钟　博
责任校对：刘亚男　　责任印制：施胜娟

出版发行 ／ 北京理工大学出版社有限责任公司
社　　址 ／ 北京市丰台区四合庄路 6 号
邮　　编 ／ 100070
电　　话 ／（010）68914026（教材售后服务热线）
　　　　　　　（010）68944437（课件资源服务热线）
网　　址 ／ http://www.bitpress.com.cn

版 印 次 ／ 2024 年 4 月第 2 版第 1 次印刷
印　　刷 ／ 定州市新华印刷有限公司
开　　本 ／ 889 mm×1194 mm　1/16
印　　张 ／ 17
字　　数 ／ 341 千字
定　　价 ／ 48.00 元

前言
PREFACE

　　财务会计作为中等职业教育会计事务专业的核心课程，在课程体系中具有非常重要的地位和作用。本书在编写过程中遵循"精选内容、加强实践、培养技能、突出应用"的原则，根据岗位特点设计学习任务，以培养学生的会计核算能力和职业判断能力为重点，旨在提高学生的会计职业综合能力。本书编写团队以二十大最新精神为指引，对本书第 1 版内容进行了更新和完善，丰富配套资源，力求打造高质量教材。

　　本书具有以下特色。

1. 聚焦二十大，促进学生能力素养双向提升

　　为了深入贯彻党的二十大精神"进教材、进课堂、进头脑"工作，每个项目开设"素养课堂"专题，结合教学内容创编思政案例，融入文化自信、守正创新、中国式现代化、高质量发展等先进理念，并通过"学原文""悟原理"两个环节，深入浅出地引导学生深入学习二十大精神，提升学生的综合素养（素养目标中标注"🚩"的内容即二十大精神融入点）。同时，在本书编写过程中，编者也遵循了"系统观念"，如项目二中，将应收票据与应付票据、应收账款与应付账款、预收账款与预付账款、其他应收款与其他应付款进行对比讲解，引导学生从不同会计主体出发分析同一经济业务，便于学生系统掌握知识，提升学习效果。

2. 体系严谨，方便教与学

　　本书的编写坚持"以学生为主体，以教师为主导"的教育理念，结构体系严谨清晰，方便教师教和学生学。全书整体设计以项目为载体，通过项目导读、目标导学、内容导览对项目内容进行整体介绍，帮助学生明确目标及重难点；每个项目的编排采取任务驱动模式，包括任务描述、任务解析、知识链接、案例分析、小试牛刀、任务实施、任务总结、任务评价八个环节，导航路径清晰，便于教师采用任务驱动教学法组织课堂教学；每个任务则以实际业务流程为顺序，由一般到特殊、由易到难、由理论到实践，逐步帮助学生搭建学习阶梯，

便于学生进行理实一体化学习。

3. 关注行业发展，内容与时俱进

本书紧紧围绕《企业会计准则》，以最新会计法、税法及相关财税政策为依据，根据岗位典型任务分析，将企业中常见的经济业务分解成十个教学项目。同时，为了紧密对接会计岗位实际，反映会计领域的新方法、新技术、新工艺、新标准，本书在编写过程中还不断收集最新经济业务，如项目二中增设了微信、支付宝结算方式的会计处理相关内容，项目七的任务一增加了火车票、公共汽车票、过路（桥）费等的涉税处理业务。

4. 配套资源丰富，注重数字化资源建设

党的二十大报告中提出："要推进教育数字化，建设全民终身学习的学习型社会、学习型大国"。为了贯彻这一精神，本书在资源配套方面做了充分的工作，全书配套开发了教学课件、教学设计、微课视频、习题答案、练习册等类型丰富的数字化教学资源。通过设置二维码链接，方便学生扫码看微课，进行泛在化学习；同时建设了线上资源平台，便于师生随时下载教学资源，更利于教师开展线上线下混合式教学。除此之外，本书的图表资源也非常丰富，将抽象的文字具象化，便于学生理解，也丰富了学生的视觉体验。

5. 对接岗位标准，校企双元开发

在本书编写过程中，教师与企业专家双向奔赴，深入研究课程标准、岗位标准，甄选教学内容，最终确定本书体系。校企合作开发脱敏仿真教学案例，尤其是新型案例，本书共配套石家庄永旭电器有限公司、南阳金属制造有限公司、大正工业材料有限公司三个企业案例，分别用于案例分析、小试牛刀和任务实施环节，以增强教材实践性和操作性。

本书由王冲老师任主编，康春霞、甄莉茹老师任副主编。王冲老师负责本书整体编排设计及统稿工作，并编写前导篇、项目三、项目六、项目九及全书课程思政案例，制作项目四～项目七的全部配套资源；康春霞老师负责全书校对及项目二、项目七的编写；甄莉茹老师负责全书审核及项目四的编写；倪青青老师负责全书校对及项目十的编写，并制作前导篇、项目一～项目三、项目八～项目十的全部配套资源；陈明秋老师负责编写项目八；韩璐老师负责编写项目一。同时，本书还聘请河北建工集团有限责任公司高级会计师、财务处副处长李志强任实践指导，负责本书的实践性、实用性、专业性审核，并编写项目五。

由于编者水平有限，加之时间仓促，书中难免存在不当之处，恳请广大读者批评指正！

编　者

目 录
CONTENTS

前导篇

财务会计概述

项目导读

　　会计是随着社会生产力的发展和经济管理的需要而产生的，是随着经济的发展和科学技术的进步而不断发展和完善的，特别是现代管理科学渗透进入会计学科，使传统的会计获得了发展的动力，为会计学科的发展开拓了新的领域。从 20 世纪 50 年代开始，传统的会计逐步发展为财务会计和管理会计两大分支，开创了现代会计的新纪元。财务会计又称为外部会计，要求按照公认的会计原则和会计法规制度的要求，通过确认、计量、记录和报告等专门的程序与方法，向企业外部与企业有利害关系的单位和个人提供反映企业经营成果和财务状况的会计信息；管理会计又称为内部会计，要求利用财务会计提供的会计信息并结合企业生产经营活动的有关资料，运用数学、统计、经济学等方法，向企业内部各级管理人员提供有关经营决策、计划和控制的相关信息。

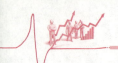
目标导学

三维目标

知识目标
1. 能准确地说出借贷记账法下各类账户的结构
2. 能准确地说出会计基本假设的内容
3. 能正确地说出八个会计信息质量要求

技能目标
1. 能运用借贷记账法进行简单经济业务的账务处理
2. 能运用会计信息质量要求进行简单职业判断
3. 能运用权责发生制判断企业各期损益

素养目标
1. 感悟借贷记账法的记账规则，树立规则意识
2. 了解会计在我国的发展历程，坚定文化自信

内容导览

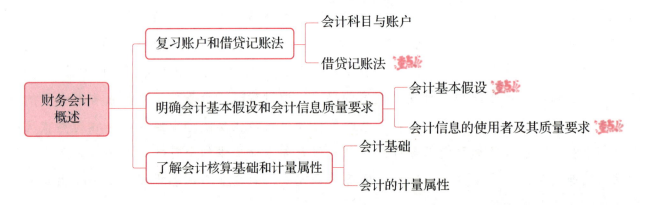

财务会计概述

复习账户和借贷记账法
　　会计科目与账户
　　借贷记账法

明确会计基本假设和会计信息质量要求
　　会计基本假设
　　会计信息的使用者及其质量要求

了解会计核算基础和计量属性
　　会计基础
　　会计的计量属性

任务一　复习账户和借贷记账法

任务描述

　　石家庄永旭电器有限公司（后面简称"永旭公司"）发生如下经济业务，假如你是该公司的会计，你应该如何进行会计处理？

业务1：购入01型金属材料8 000千克，每千克3.5元，取得增值税专用发票（增值税税率为13%），材料尚未收到。

业务2：上述金属材料验收入库，收到入库单，单位成本为3.5元/千克，入库数量为8 000千克。

业务3：销售LR型电吹风机600台，每台150元，签发增值税专用发票（增值税税率为13%），销售货款及销项税额已转入银行账户。

业务4：上述销售的LR型电吹风机出库，收到仓库转来的出库单，单位成本为60元/台。

任务解析

企业发生经济业务后，势必引起某几个账户的增减变动，而根据账户的性质和结构则可以判断账户的方向，进而确定会计分录。请同学们学习知识链接的相关内容，帮助永旭公司完成账务处理。

知识链接

一、会计科目与账户

（一）会计科目

会计科目是按照经济业务的内容和经济管理的要求，对会计要素的具体内容进行分类核算的项目。需要将会计对象中具体内容相同的归为一类，设立一个会计科目，凡是具备这类信息特征的经济业务，都应该在这个会计科目下进行核算。设置会计科目时，要为每个具体的类别规定一个会计科目名称，并且限定在该会计科目名称下核算的内容，如"银行存款"科目核算企业存放在银行的款项。会计科目是设置账户、进行账务处理所遵循的规则和依据，是正确组织会计核算的一个重要条件。

会计科目按其所提供信息的详细程度及其统驭关系的不同分为总分类科目和明细分类科目。前者是对会计要素具体内容进行总括分类、提供总括信息的会计科目，又称一级科目或总账科目，如"应收账款""原材料"等科目。后者是对总分类科目作进一步分类，提供更详细、更具体会计信息的科目，如"应收账款"科目可以按债务人的名称设置明细科目，反映各债务人的应收金额。

会计科目按经济内容可分为六大类：资产类、负债类、共同类、所有者权益类、成本类和损益类。本书中常用会计科目如表0-1所示。

表0-1　本书中常用会计科目

序号	类别	科目名称	序号	类别	科目名称
1	资产类	库存现金	27	负债类	短期借款
2		银行存款	28		应付票据
3		其他货币资金	29		应付账款
4		交易性金融资产	30		预收账款
5		应收票据	31		应付职工薪酬
6		应收账款	32		应交税费
7		预付账款	33		应付利息
8		应收股利	34		应付股利
9		应收利息	35		其他应付款
10		其他应收款	36		长期借款
11		坏账准备	37	所有者权益类	实收资本
12		材料采购	38		资本公积
13		在途物资	39		盈余公积
14		原材料	40		本年利润
15		材料成本差异	41		利润分配
16		库存商品	42	成本类	生产成本
17		委托加工物资	43		制造费用
18		周转材料	44		研发支出
19		固定资产	45	损益类	主营业务收入
20		累计折旧	46		其他业务收入
21		在建工程	47		投资收益
22		工程物资	48		营业外收入
23		固定资产清理	49		主营业务成本
24		无形资产	50		其他业务成本
25		累计摊销	51		税金及附加
26		待处理财产损溢	52		销售费用
			53		管理费用
			54		财务费用
			55		营业外支出
			56		所得税费用

（二）账户

会计科目是对会计对象的组成内容进行科学分类而规定的名称。对会计对象划分类别并规定名称是必要的，但要全面、系统地记录和反映各项经济业务所引起的会计要素的变动情

况，还必须在分类的基础上借助具体的形式和方法，这就需要开设和运用账户。账户是根据会计科目设置的，具有一定的格式和结构，是用于分类反映会计要素增减变动情况及其结果的载体。设置账户是会计核算的重要方法之一，它是对各种经济业务进行分类和系统、连续地记录、反映会计要素增减变动的记账实体。会计科目的名称就是账户的名称，会计科目规定的核算内容就是账户应记录和反映的经济内容，因此账户应该根据会计科目的分类进行相应设置。如企业要开设资产类账户、负债类账户、共同类账户、所有者权益类账户、成本类账户和损益类账户；从具体核算需要和会计科目的特点出发，根据总分类科目、二级科目和明细分类科目开设相应的账户，以便于分类、归集、总括和具体、详细地核算数据。

◇**学习随想**

　　请同学们想一想，账户和会计科目有什么相同点和不同点？

二、借贷记账法

　　借贷记账法是复式记账法的一种，它是以"借""贷"为记账符号，以"资产=负债+所有者权益"的会计等式为理论依据，以"有借必有贷，借贷必相等"为记账规则的一种科学复式记账法。

（一）借贷记账法的内容

1. 记账符号

　　借贷记账法以"借""贷"为记账符号，其中"借"表示账户的左边，"贷"表示账户的右边。"借"和"贷"与不同的账户结合可以表示不同的含义，如对资产类账户来说，"借"表示增加，"贷"表示减少；对负债类账户来说则正好相反，"贷"表示增加，"借"表示减少。账户结构如图0-1所示。

账户名称

（借方）　　　（贷方）

图 0-1　账户结构

2. 记账规则

　　借贷记账法的记账规则为"有借必有贷，借贷必相等"。具体表现在：第一，任何一笔经济业务的发生，都必然同时导致至少两个账户发生变化；第二，在记入有关账户时，至少有一个账户记在借方，同时至少有一个账户记在贷方，即"有借必有贷"；第三，记入借方账户的金额合计与记入贷方账户的金额合计必须相等，即"借贷必相等"。

3. 账户结构

将所有账户的左方定为"借"方，将右方定为"贷"方，并用一方登记增加数，另一方登记减少数。其中，资产类、成本类和损益（费用、损失）类账户用借方登记增加数，用贷方登记减少数，期末余额在借方（或无余额）；负债类、所有者权益类和损益（收入、利得）类账户用贷方登记增加数，用借方登记减少数，期末余额在贷方（或无余额）。账户结构一览表如表 0-2 所示。

表 0-2 账户结构一览表

账户种类	借方	贷方	余额
资产类	增加	减少	借方
负债类	减少	增加	贷方
所有者权益类	减少	增加	贷方
成本类	增加	减少	借方
损益类（收入、利得）	减少	增加	无余额
损益类（费用、损失）	增加	减少	无余额

4. 试算平衡

试算平衡是指在借贷记账法下，利用借贷发生额和期末余额（期初余额）的平衡原理，检查账户记录是否正确的一种方法。

试算平衡的基本公式如下：

$$全部账户的借方期初余额合计＝全部账户的贷方期初余额合计$$

$$全部账户的借方发生额合计＝全部账户的贷方发生额合计$$

$$全部账户的借方期末余额合计＝全部账户的贷方期末余额合计$$

在借贷记账法下，进行试算平衡是通过编制试算平衡表来实现的。试算结果不平衡说明记账一定有错误，但是试算结果平衡并不能说明记账一定没有错误。例如，记账时漏记、重记、借贷方向错误或用错会计科目的情况，均不能通过试算平衡发现。

（二）借贷记账法的应用

会计分录是指运用借贷记账法的原理，对某项经济业务标明其应借应贷账户及其金额的记录，简称分录。会计分录是由应借应贷方向、对应账户（会计科目）名称及应记金额三要素构成的，按照所涉及账户的多少，分为简单会计分录和复合会计分录。简单会计分录指只涉及一个账户借方和另一个账户贷方的会计分录，即一借一贷的会计分录；复合会计分录指由两个以上（不含两个）对应账户所组成的会计分录，即一借多贷、一贷多借或多借多贷的会计分录。

 案例分析

【例0-1】从银行提取现金8 000元备用（表0-3）。

表0-3　例0-1表　　　　　　　　　　　　　　　　　　单位：元

涉及账户	账户性质	增减变动	方向	金额	会计分录
库存现金	资产	增加	借	8 000	借：库存现金　　　　　8 000
银行存款	资产	减少	贷	8 000	贷：银行存款　　　　8 000

【例0-2】从银行借入期限为3个月的借款100 000元，存入银行（表0-4）。

表0-4　例0-2表　　　　　　　　　　　　　　　　　　单位：元

涉及账户	账户性质	增减变动	方向	金额	会计分录
短期借款	负债	增加	贷	100 000	借：银行存款　　　　100 000
银行存款	资产	增加	借	100 000	贷：短期借款　　100 000

【例0-3】采购员王云去北京出差，回来报销差旅费2 500元，财务处补付其现金500元（王云出差前向财务部门预借差旅费2 000元）（表0-5）。

表0-5　例0-3表　　　　　　　　　　　　　　　　　　单位：元

涉及账户	账户性质	增减变动	方向	金额	会计分录
管理费用	损益（费用）	增加	借	2 500	借：管理费用　　　　　　2 500
其他应收款	资产	减少	贷	2 000	贷：其他应收款——王云 2 000
库存现金	资产	减少	贷	500	库存现金　　　　500

【例0-4】某企业购入设备一台，购买价为20 000元，增值税税额为2 600元，设备无须安装，直接交付使用，货款用银行存款支付（表0-6）。

表0-6　例0-4表　　　　　　　　　　　　　　　　　　单位：元

涉及账户	账户性质	增减变动	方向	金额	会计分录
固定资产	资产	增加	借	20 000	借：固定资产　　　　　　　　20 000
应交税费——应交增值税（进项税额）	负债	减少	借	2 600	应交税费—应交增值税（进项税额） 　　　　　　　　　　　　　2 600
银行存款	资产	减少	贷	22 600	贷：银行存款　　　　　22 600

注意：应交税费——应交增值税（进项税额）是一个特殊的负债类账户，发生时记借方。

任务实施

请你根据所学知识完成永旭公司的会计处理。

序号	涉及账户	账户性质	增减变动	方向	金额	会计分录
1						
2						
3						
4						

任务总结

请对本次工作任务实施过程进行总结。

收获与成长	
问题与困难	

任务评价

任务	评价项目	评价内容	评价维度		备注
			自评	他评	
复习账户和借贷记账法	知识学习	1. 能准确地说出会计科目与账户的内容（10分）			
		2. 能准确地说出借贷记账法的记账规则（10分）			
		3. 能准确地背诵各种账户的结构（10分）			
	技能训练	1. 能运用借贷记账法分析简单经济业务并做出会计分录（20分）			
		2. 能独立且正确地完成任务实施（20分）			
	素养提升	1. 按时上下课，并按要求完成课前作业及预习（10分）			
		2. 学习态度端正，积极参与课堂活动，工整、准确地记录笔记（10分）			
		3. 熟记借贷记账法的记账规则，树立规则意识（10分）			
	合计				

任务二　明确会计基本假设和会计信息质量要求

任务描述

永旭公司1月初发生以下7项经济业务。

业务1：支付1月行政部报刊费400元。

业务2：支付第一季度行政部通信费4 500元。

业务3：支付第一季度行政部饮用水费50元。

业务4：以经营租赁方式租出一台设备，该设备当月折旧额为1 000元。

业务5：以融资租赁方式出租一台设备，该设备当月折旧额为3 200元。

业务6：以经营租赁方式租入一辆行政用汽车，该汽车当月折旧额为800元。

业务7：以融资租赁方式租入一条生产线，该生产线当月折旧额为5 700元。

请你结合本任务所学内容，帮永旭公司完成以上7项业务的会计处理，并说明理由。

任务解析

会计人员的主要工作是对企业发生的经济业务进行计量、记录和报告，形成会计信息提供给需求方使用。因此，会计信息的真实性、准确性至关重要。如何确保会计信息的真实性和准确性呢？请同学们从本任务的学习中找一找答案吧！

知识链接

一、会计基本假设

会计基本假设又称为会计的基本前提，它是据以进行会计核算的基础性假定，是会计人员对会计核算所处的变化不定的环境做出合理判断的依据，是会计核算的基础条件。会计基本假设包括会计主体、持续经营、会计分期和货币计量。

（一）会计主体

会计主体又称为会计实体，是会计所服务的特定经济组织，用以明确会计核算的空间范围，解决了会计核算"谁"的经济业务、为"谁"记账的问题。同一项经济业务相对于不同的会计主体其经济性质不同。明确会计主体假设的意义有两个：一是将特定单位主体的经济活动与该主体的所有者及职工的经济活动区别开来；二是将该主体的经济活动与其他单位的经济活动区别开来。

会计主体不同于法律主体。法律主体是指活跃在法律之中，享有权利、负有义务和承担责任的人，也可以称为法人，个人独资企业、合伙企业和企业集团均不是法律主体。会计主体的内涵比法律主体广泛，一般来说，法律主体一定是会计主体，但会计主体不一定是法律主体。任何企业（包括个人独资企业、合伙企业和企业集团等非法人）都应当建立财务会计系统，独立核算其财务状况、经营成果和现金流量，因此它们都是会计主体；有些企业内部的分支机构和分公司如果能够进行独立会计核算，而且单独设账，那么它们也是会计主体，但是由于它们对外不能享有权利和承担义务，因此它们不是法律主体。综上所述，会计主体可以是一个单一企业，如腾讯科技有限公司；也可以是企业中的一个进行独立会计核算的部门、分公司，如腾讯北京分公司；还可以是几个企业组成的联营公司或企业集团，如腾讯科技集团。

会计主体与法律主体

（二）持续经营

持续经营是指会计主体在可以预见的将来，按当前的规模和状态继续经营下去，不会停业，也不会大规模削减业务。持续经营假设明确了会计核算的时间范围，是会计分期的前提

条件。

持续经营假设为企业资产计价和收益的确认提供了基础。倘若没有持续经营假设，就不能保持会计核算方法的稳定性、一致性，也不能提供客观和真实可靠的会计信息；如果没有持续经营假设，固定资产分期计提折旧和无形资产的摊销也就失去了意义。

（三）会计分期

会计分期是把企业持续不断的生产经营过程（资金运动）划分为相等的会计期间。《企业会计准则》明确规定："会计核算应当划分会计期间，分期结算账目和编制财务会计报告。会计期间分为年度、半年度、季度和月度。年度、半年度、季度和月度均按公历起讫日期确定。半年度、季度和月度均称为会计中期。"

会计分期假设解决了会计核算的基本程序，明确了何时记账、算账和报账；使企业分期结算账目、编制财务会计报告成为可能；使权责发生制等会计原则的建立成为可能。

（四）货币计量

货币计量是指会计以货币为主要计量单位，记录和反映会计主体的生产经营活动。之所以要用货币计量，是因为货币是商品的一般等价物，是衡量各种商品价值的共同尺度，能综合反映会计主体的生产经营情况和财务收支的结果。

◇**学习随想**

请同学们想一想：常用的计量方式有哪些？

《企业会计准则》明确规定："企业的会计核算以人民币为记账本位币。业务收支以人民币以外货币为主的企业，可以选定其中一种货币作为记账本位币，但编报的财务会计报告应当折算为人民币。在境外设立的中国企业向国内报送的财务会计报告，应当折算为人民币。"明确这一前提的意义在于统一了计量单位，有利于会计的核算与监督，便于进行比较与分析。

二、会计信息的使用者及其质量要求

会计信息是指各单位通过财务报表、会计报告或附注等形式向投资者、债权人或其他信息使用者揭示企业财务状况和经营成果的信息。

（一）会计信息的使用者

会计信息的使用者包括投资者、债权人、政府及相关机构、潜在的投资者和债权人等。

（1）投资者。对于投资者而言，通过对会计信息的阅读和分析，可重点了解其投资的完整性和投资报酬，企业资本结构的变化、未来的获利能力和利润分配政策等。

（2）债权人。对于债权人而言，通过对会计信息的阅读和分析，可重点了解企业的偿债能力，了解其债权的保障和利息的获取情况，以及债务人是否有足够的能力按期偿付债务。

（3）政府及相关机构。对于政府及相关机构而言，通过阅读和分析会计信息，可了解企

业的经营活动及社会资源的分配情况，以作为决定税收等经济政策和国民收入等统计资料的基础。

（4）潜在的投资者和债权人。对于潜在的投资者和债权人而言，通过阅读和分析会计信息，可了解企业的发展趋势、经营活动的范围，为选择投资和贷款方向提供依据。

（二）会计信息的质量要求

会计信息是社会经济有效运行的重要基础，会计信息质量的好坏直接关系到社会经济能否有效运行。会计信息的质量要求是企业所提供的会计信息的质量标准，其表现为会计信息对于信息使用者决策有用的那些性质，也称为会计信息的质量特征。

1. 可靠性原则

可靠性原则又称为真实性原则，要求"企业应当以实际发生的交易或者事项为依据进行会计确认、计量和报告，如实反映符合确认和计量要求的各项会计要素及其他相关信息，保证会计信息真实可靠，内容完整"。

2. 相关性原则

相关性原则又称为有用性原则，要求"企业提供的会计信息应当与财务会计报告使用者的经济决策需要相关，有助于财务会计报告使用者对企业过去、现在或者未来的情况作出评价或者预测"。不同的使用者使用会计信息的目的不同，因为他们各自所进行的经济决策有所不同。如果会计核算的信息不符合会计信息使用者的要求，即使客观真实地反映了企业经营情况也毫无价值。

3. 明晰性原则

明晰性原则也称为可理解性原则，要求"企业提供的会计信息应当清晰明了，便于财务会计报告使用者理解和使用"。会计记录和会计信息必须清晰明了，便于理解和使用。如果会计信息的表达含糊不清，就容易使会计信息的使用者产生歧义，从而降低会计信息的质量。

4. 可比性原则

可比性原则有两个方面的含义：一是纵向可比，要求"同一企业不同时期发生的相同或者相似的交易或者事项，应当采用一致的会计政策，不得随意变更，确需变更的，应当在附注中说明"；二是横向可比，要求"不同企业发生的相同或者相似的交易或者事项，应当采用规定的会计政策，确保会计信息口径一致、相互可比"。

5. 实质重于形式原则

实质重于形式原则要求"企业应当按照交易或者事项的经济实质进行会计确认、计量和报告，不应仅以交易或者事项的法律形式为依据"。在实际工作中，交易或事项的外在形式或人为形式并不能完全真实地反映其实质内容。因此，会计信息拟反映的交易或事项，必须根据交易或事项的实质和经济现实，而非根据它们的法律形式进行核算。以融资租赁的形式租入的固定资产，虽然从法律形式来讲企业并不拥有其所有权，但在会计核算上，应当将融资

租赁的固定资产视为企业的自有资产按月计提折旧。

6. 重要性原则

重要性原则要求"企业提供的会计信息应当反映与企业财务状况、经营成果和现金流量等有关的所有重要交易或者事项"。对于重要的会计事项，必须按照规定的会计方法和程序进行处理，并在财务会计报告中予以充分、准确的披露；对于次要的会计事项，可适当简化处理。判断重要与否，可以从质和量两个方面判断：从质来说，当某一会计事项有可能对决策产生一定影响时，该事项就属于重要事项；从量来说，当某一会计事项的数量达到一定规模时，就可能对决策产生影响，该事项就属于重要事项。

7. 谨慎性原则

谨慎性原则又称为稳健性原则或保守性原则，要求"企业对交易或者事项进行会计确认、计量和报告应当保持应有的谨慎，不应高估资产或者收益、低估负债或者费用"。例如，对应收款项计提坏账准备、对固定资产采用加速折旧法计提折旧、对可能发生的各项资产损失计提资产减值准备，都是谨慎性原则的体现。但是，谨慎性原则并不意味着企业可以任意设置各种秘密准备，否则就属于滥用谨慎性原则，这将被视为重大会计差错处理。

8. 及时性原则

及时性原则要求"企业对于已经发生的交易或者事项，应当及时进行会计确认、计量和报告，不得提前或者延后"。在市场经济条件下，企业竞争日趋激烈，各方面对会计信息的及时性要求越来越高，因此要求企业要及时收集、加工和传递会计信息。如果会计核算不及时，就很难准确地反映企业在某一时间点上的财务状况和一定时期的经营成果及现金流量。企业通过提前或延后确认收入、费用，以人为地调节利润，造成会计信息失真，这是绝对不允许的。

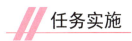 **任务实施**

请你根据所学知识完成永旭公司的会计处理。

序号	会计分录	序号	会计分录
1		5	
2		6	
3		7	
4			

任务总结

请对本次工作任务实施过程进行总结。

收获与成长	
问题与困难	

任务评价

任务	评价项目	评价内容	评价维度		备注
			自评	他评	
明确会计基本假设和会计信息质量要求	知识学习	1. 能准确地说出会计基本假设有哪些（10分）			
		2. 能准确地区分会计主体和法律主体（10分）			
		3. 能准确地说出会计信息质量要求的内容（10分）			
	技能训练	1. 能运用会计信息质量要求对经济业务进行判断（20分）			
		2. 能独立且正确地完成任务实施（20分）			
	素养提升	1. 按时上下课，并按要求完成课前作业及预习（10分）			
		2. 学习态度端正，积极参与课堂活动，工整、准确地记录笔记（10分）			
		3. 熟记会计信息的质量要求，规范会计行为（10分）			
	合计				

任务三 了解会计核算基础和计量属性

任务描述

永旭公司1月初发生以下9项经济业务。

业务1：支付1月行政部报刊费400元。

业务2：支付第一季度行政部通信费4 500元（按月分摊）。

业务3：支付电信包年服务费18 000元（按月分摊）。

业务4：销售产品一批，价款为24 000元，增值税为3 120元，收到全部款项。

业务5：收到上年销售款22 600元（含增值税2 600元）。

业务6：销售产品一批，价款为10 000元，增值税为1 300元，款项未收到。

业务7：签订销售订单，售价为50 000元，增值税为6 500元，按合同规定收到50%的货款，货物将于2月5日发出。

业务8：按合同规定，将上月已签订单货物发出，价款为30 000元，增值税为3 900元，货款已于上月签订合同时收到。

业务9：1月发生水费36 000元（不含税），其中行政部2 000元、生产部28 000元、销售部6 000元，水费将于下月初支付。

请你结合本任务所学内容，确定永旭公司1月的收入和费用，并说明理由。

任务解析

企业销售商品时要回收货款，同时确认收入，回收货款有现收、预收、应收三种情况；企业发生的各项支出，也有现付、预付、应付三种情况。如何确认各项收入和费用将决定企业各期利润，那么企业应该怎样确定当期的各项收入和费用呢？

知识链接

一、会计基础

随着企业经济活动的进行会发生各种各样的费用，也会产生各种各样的收入。但是，收入和费用的收支期间（指收入收到了现款和费用用现款支付的会计期间）与收入和费用的应归属期间（指应获得收入和应负担费用的会计期间）往往是不一致的。例如，企业2月销售

一批产品，价款为 10 万元（不考虑增值税），而货款于 5 月收到；企业 6 月用货币资金支付下半年仓库租金 12 000 元。案例中 2 月为收入的应归属期间，而 5 月为收入的收取期间，6 月为租金的支付期间，实际租金的应归属期间则为 7—12 月。如何确认各期的收入和费用，在会计上有两种处理方法，又称为会计基础，即收付实现制和权责发生制。

会计核算基础

收付实现制，又称为现收现付制，它是以款项实际收付为标准而不考虑应归属期间来确认、计量、记录和报告收入和费用的一种会计处理制度。采用这种方法时，凡是本期收到的收入或支付的费用，不论其是否应当归属于本期，都应作为本期的收入和费用处理；反之，凡是本期没有收到货币资金或未付出货币资金，即使应当属于本期的收入或费用，也不作为本期的收入或费用处理。

权责发生制也称为应收应付制，是指会计核算中以应收应付作为计算标准来确定本期收入和费用。它是以收入和费用是否发生，而不是以款项是否收付为标准，来确认、计量、记录和报告收入和费用的一种会计处理制度。采用这种方法时，凡是归属于本期的收入，不论是否收到货币资金，都应作为本期的收入处理；凡是本期应当负担的费用，不论是否支付货币资金，均作为本期的费用处理。反之，凡是不应当归属于本期的收入和费用，即使在本期收到了或付出了货币资金，也不应作为本期的收入或费用处理。《企业会计准则》规定："我国企业应采用权责发生制。"

二、会计的计量属性

会计计量是为了将符合确认条件的会计要素登记入账并列报于财务报表而确定其金额的过程。从会计角度来看，计量属性反映的是会计要素金额的确定基础，主要包括历史成本、重置成本、可变现净值、现值和公允价值等。

（一）历史成本

在历史成本计量下，资产按照购置时支付的现金或者现金等价物的金额，或者按照购置资产时所付出的对价的公允价值计量；负债按照因承担现时义务而实际收到的款项或者资产的金额，或者承担现时义务的合同金额，或者日常活动中为偿还负债预期需要支付的现金或者现金等价物的金额计量。

（二）重置成本

在重置成本计量下，资产按照现在购买相同或者相似资产所需支付的现金或者现金等价物的金额计量；负债按照现在偿付该项债务所需支付的现金或者现金等价物的金额计量。

（三）可变现净值

在可变现净值计量下，资产按照其正常对外销售所能收到现金或者现金等价物的金额扣

减该资产至完工时估计将要发生的成本、估计的销售费用以及相关税费后的金额计量。

（四）现值

在现值计量下，资产按照预计从其持续使用和最终处置中所产生的未来净现金流入量的折现金额计量；负债按照预计期限内需要偿还的未来净现金流出量的折现金额计量。

（五）公允价值

在公允价值计量下，资产和负债按照在公平交易中，熟悉情况的交易双方自愿进行资产交换或者债务清偿的金额计量。

企业在对会计要素进行计量时，一般应当采用历史成本计量，如果采用重置成本、可变现净值、现值、公允价值计量，应当保证所确定的会计要素金额能够取得并可靠计量。

任务实施

请你根据所学知识完成永旭公司的会计处理。

序号	1月收入	1月费用	其他月份收入/费用	判断理由
1				
2				
3				
4				
5				
6				
7				
8				

任务总结

请对本次工作任务实施过程进行总结。

收获与成长	
问题与困难	

任务评价

任务	评价项目	评价内容	评价维度		备注
			自评	他评	
了解会计核算基础和计量属性	知识学习	1. 能准确地说出会计基础有哪些（20分）			
		2. 能准确地说出会计计量属性有哪些（20分）			
	技能训练	1. 能运用权责发生制确定企业各期的收入和费用（20分）			
		2. 能独立且正确地完成任务实施（10分）			
	素养提升	1. 按时上下课，并按要求完成课前作业及预习（10分）			
		2. 学习态度端正，积极参与课堂活动，工整、准确地记录笔记（10分）			
		3. 了解会计在我国的发展历程，坚定文化自信（10分）			
	合计				

素养课堂

会计发展历史——坚定文化自信

我国会计发展简史如图 0-2 所示。

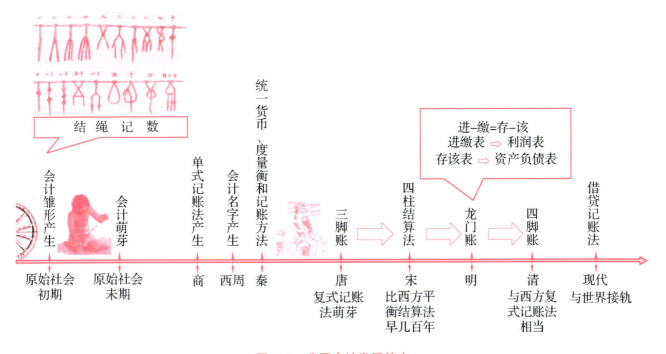

图 0-2　我国会计发展简史

任何事物的发展都不可能是一蹴而就的，会计的发展也不例外，它是经历了不同的历史阶段，不断发展与完善而慢慢形成的。在人类出现的开始是没有"会计"一词的，它是随着经济的不断发展进步而渐渐萌芽的，经济的发展促进了会计学的形成，而会计学的形成又推动着经济的发展。它们彼此促进，共同前进，为人类历史的进步作出了伟大的贡献。"中国是世界文明发展最早的国家之一，中国已有了将近四千年的文字可考的历史""中华民族又是一个有光荣的革命传统和优秀的历史遗产的民族"。在我国优秀而丰富的历史遗产中，会计是一个重要方面。我国会计不仅有自己的发展道路，而且以明显的独创性影响着世界。

【学原文】

党的二十大报告提出："我们要坚持对马克思主义的坚定信仰、对中国特色社会主义的坚定信念，坚定道路自信、理论自信、制度自信、文化自信，以更加积极的历史担当和创造精神为发展马克思主义作出新的贡献，既不能刻舟求剑、封闭僵化，也不能照抄照搬、食洋不化。"

【悟原理】

追溯我国会计发展史，会计发展已经有三千多年的历史，历尽艰难险阻，经过无数次实

践和变革，从最原始的会计发展为今日较完整的会计体系、准则、制度等。回首过去的会计发展史，未来会计工作任重而道远，作为未来的会计人员，既要坚定文化自信，坚持古为今用，又要贯彻科学发展观，开拓创新，与世界接轨。

项目一

货币资金的账务处理

项目导读

　　货币资金是企业拥有的、以货币形式存在的资产，包括现金、银行存款和其他货币资金。货币资金是企业资金运动的起点和终点，是企业生产经营的先决条件，是企业的生命之源，通常被誉为企业的"血液"。企业在生产经营过程中会形成频繁的货币收支，如取得现金投资、接受现金捐赠、取得银行借款、销售产品后取得货款收入等，会形成货币资金的收入；购买材料、支付工资、支付其他费用、归还借款以及上缴税金等，会形成货币支出。企业发生货币资金收付业务时会计人员该进行哪些账务处理呢？请同学们开启项目一的学习吧！

目标导学

三维目标

知识目标
1 能准确地说出现金管理的各项规定
2 能正确地进行现金收付业务的会计处理
3 能正确地进行银行存款收付业务的会计处理
4 能正确地进行其他货币资金收付业务的会计处理

技能目标
1 能独立完成现金收付、现金清查等经济业务的账务处理
2 能独立完成银行存款对账及银行存款余额调节表的编制

素养目标
1 回顾支付方式的变革，坚持守正创新
2 养成依法办事的意识，严格遵守会计职业道德

内容导览

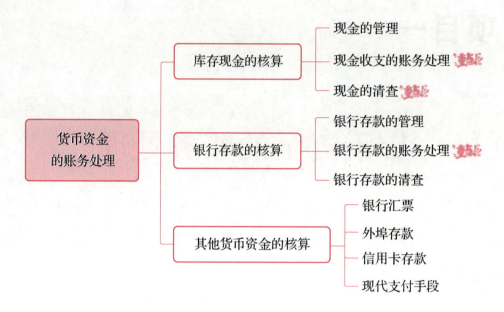

- 货币资金的账务处理
  - 库存现金的核算
    - 现金的管理
    - 现金收支的账务处理
    - 现金的清查
  - 银行存款的核算
    - 银行存款的管理
    - 银行存款的账务处理
    - 银行存款的清查
  - 其他货币资金的核算
    - 银行汇票
    - 外埠存款
    - 信用卡存款
    - 现代支付手段

任务一　库存现金的核算

任务描述

永旭公司1月发生如下经济业务，会计该如何进行会计处理？

业务1：2日，从银行提取现金5 000元备用。

业务2：4日，购买400元的办公用品，增值税为52元，用现金支付。

业务3：16日，销售人员李红因公出差，预借差旅费2 200元，以现金支付。

业务4：20日，李红出差回来，报销差旅费1 600元，交回剩余现金。

业务5：25日，在现金清查中经盘点现金实存1 700元，现金日记账余额为2 000元。

业务6：31日，经过调查，没有找到现金短缺的原因，按查无原因处理。

任务解析

库存现金是企业流动性最强的资产，随着网络支付手段的兴起，现金收付业务骤减，但是企业中某些经济业务还会涉及库存现金，如差旅费业务、现金盘点业务，这些典型业务的会计处理原则是首先判断现金的增减，再依据资产类账户的结构确定库存现金的方向，最终结合经济业务确定其他账户。

知识链接

　　库存现金是企业流动性最强的资产。现金有狭义和广义之分：狭义的现金是指企业的库存现金；广义的现金包括库存现金、银行存款和其他符合现金定义的票证。我国会计上所说的现金是指狭义的现金，即库存现金，包括人民币和外币。

一、现金的管理

（一）现金的使用范围

　　为了维护经济秩序，国家对现金的使用有严格的管理规定，企业应当按照国务院发布的《现金管理暂行条例》规定的范围使用现金。除以下情况可以用现金支付外，其他款项的支付必须通过银行转账结算。

　　（1）支付给职工的工资、津贴。

　　（2）支付给个人的劳动报酬。

　　（3）颁发给个人的科学技术、文化艺术、体育等方面的各种奖金。

　　（4）各种劳保福利费以及国家规定的对个人的其他支出，如退休金、抚恤金、学生助学金、职工生活困难补助。

　　（5）向个人收购农副产品和其他物资的价款。

　　（6）出差人员必须随身携带的差旅费。

　　（7）结算起点（1 000元人民币）以下的零星支出。

　　（8）中国人民银行规定的需要支付现金的其他支出。

（二）现金的限额管理

　　库存现金的限额是指为了保证企业日常零星开支的需要，允许企业留存现金的最高数额。

　　库存现金限额一般由企业的开户银行根据企业规模、日常现金付出量和企业与银行的距离远近等条件来核定。一般按照企业3～5天的日常零星开支需要量确定，边远地区和交通不便地区开户单位的库存现金限额，可按多于5天但不能超过15天的日常零星开支需要量确定。超过限额的库存现金，必须当日或次日送存银行。需要增加或减少现金限额的单位，应向开户银行提出申请，由开户银行核定。

（三）现金收支的规定

　　（1）开户单位现金收入应当于当日送存开户银行，当日送存确有困难的，由开户银行确定送存时间。

　　（2）开户单位支付现金，可以从本单位库存现金限额中支付或从开户银行提取，不得从本单位的现金收入中直接支付（即坐支）。因特殊情况需要坐支现金的，应当事先报经开户银行审查批准，由开户银行核定坐支范围和限额。坐支单位应当定期向开户银行报送坐支的金

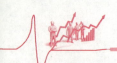
额和使用情况。

（3）开户单位从开户银行提取现金时，应当写明用途，由本单位财会部门负责人签字盖章，经开户银行审核后予以支付。

（4）因采购地点不确定、交通不便、生产或市场急需、抢险救灾以及其他特殊情况必须使用现金的，开户单位应向开户银行提出申请，由本单位财会部门负责人签字盖章，经开户银行审核后予以支付现金。

二、现金收支的账务处理

库存现金收支业务的核算要用到"库存现金"账户，该账户用来核算库存现金的收支及结存数额。借方登记库存现金的增加数，贷方登记库存现金的减少数，期末余额在借方，反映期末库存现金的实有数。常用会计分录如下。

（1）收取现金时。

借：库存现金

　　贷：银行存款/其他应收款等

（2）支付现金时。

借：其他应收款/管理费用等

　　贷：库存现金

案例分析

【例1-1】南阳金属制造有限公司（后面简称"南阳公司"）2月发生下列现金收、付业务。

（1）4日，从银行提取现金2 000元备用。编制会计分录如下。

借：库存现金　　　　　　　　　　　　　　　　　　　　　　　2 000

　　贷：银行存款　　　　　　　　　　　　　　　　　　　　　2 000

（2）7日，销售部业务员李林因公出差预借差旅费1 600元，以现金支付。编制会计分录如下。

借：其他应收款——李林　　　　　　　　　　　　　　　　　　1 600

　　贷：库存现金　　　　　　　　　　　　　　　　　　　　　1 600

（3）10日，零售商品一批，价款为200元，增值税税额为26元，收到现金。编制会计分录如下。

借：库存现金　　　　　　　　　　　　　　　　　　　　　　　226

　　贷：主营业务收入　　　　　　　　　　　　　　　　　　　200

　　　　应交税费——应交增值税（销项税额）　　　　　　　　26

（4）15 日，李林报销差旅费 1 300 元，交回余款 300 元。编制会计分录如下。

借：库存现金 300

销售费用 1 300

贷：其他应收款——李林 1 600

◇**小试牛刀**

大正工业材料有限公司（后面简称"大正公司"）发生以下库存现金业务。

（1）2 日，从银行提取现金 1 000 元备用。

（2）4 日，从银行提取现金 50 000 元，备发工资。

（3）4 日，以现金 50 000 元发放本月职工工资。

（4）10 日，购买 400 元的办公用品，用现金支付。

（5）16 日，管理人员周伟林因公出差预借差旅费 1 200 元，以现金支付。

（6）20 日，周伟林出差回来，报销差旅费 1 900 元，差额部分补付现金。

要求：根据以上业务编制大正公司会计分录。

三、现金的清查

（一）现金的清查方法

为了保证现金的安全完整，企业应当按规定对库存现金进行定期和不定期的清查。现金的清查方法一般采用实地盘点法，将库存现金的实有数与库存现金日记账进行核对，在查明账实是否相符的同时还要注意有无挪用现金、白条顶库的情况，对于超限额留存的现金应及时送存银行。盘点结束后，将清查结果填入现金盘点报告单（表1-1），并签章确认。

表 1-1 现金盘点报告单

年 月 日 编号：

账存金额	实存金额	盘盈	盘亏	备注

盘点人（签章）： 出纳员（签字）：

◇**学习随想**

请同学们想一想：财产清查的方法有哪些？

（二）现金清查结果的处理

在现金清查中发现账实不符时，应立即查明原因，及时更正。对于有待查明原因的现金溢余或短缺，应先通过"待处理财产损溢"账户核算，待查明原因后，再根据情况进行处理。"待处理财产损溢"账户是资产类账户，用于核算企业在清查财产物资过程中发生的盘盈、盘亏和毁损情况。该账户借方登记已发生但尚未处理的财产物资盘亏或毁损数额，以及经批准转销的盘盈数额；贷方登记已发生但尚未处理的财产物资的盘盈数额，以及经批准转销的盘亏或毁损数额。常用会计分录如下。

1. 现金盘盈

（1）查明原因前。

借：库存现金

　　贷：待处理财产损溢——待处理流动资产损溢

现金清查

（2）查明原因后。

借：待处理财产损溢——待处理流动资产损溢

　　贷：其他应付款——××单位或个人　　　　　　　（应付数）

　　　　营业外收入——现金溢余　　　　　　　　　　（无法查明原因的）

2. 现金短缺

（1）查明原因前。

借：待处理财产损溢——待处理流动资产损溢

　　贷：库存现金

（2）查明原因后。

借：其他应收款　　　　　　　　　　　　　　　　　（应收赔款）

　　管理费用　　　　　　　　　　　　　　　　　　（无法查明原因）

　　　　贷：待处理财产损溢——待处理流动资产损溢

案例分析

【例1-2】 南阳公司在库存现金清查中发现库存现金溢余250元，原因待查。会计分录如下。

借：库存现金　　　　　　　　　　　　　　　　　　　　　250

　　贷：待处理财产损溢——待处理流动资产损溢　　　　　　　　250

现金溢余无法查明原因时，经批准转作营业外收入，会计分录如下。

借：待处理财产损溢——待处理流动资产损溢　　　　　　250

　　贷：营业外收入　　　　　　　　　　　　　　　　　　　250

【例1-3】 南阳公司在库存现金清查中发现库存现金短缺180元，原因待查。会计分录如下。

借：待处理财产损溢——待处理流动资产损溢　　　　　　180

　　贷：库存现金　　　　　　　　　　　　　　　　　　　180

经查，短款100元为出纳人员林丽工作疏忽造成的，应由其赔偿；其他80元无法查明原因。会计分录如下。

借：其他应收款——林丽   100

     管理费用   80

  贷：待处理财产损溢——待处理流动资产损溢   180

◇小试牛刀

（1）1 月 31 日，大正公司在现金清查中发现库存现金短缺 100 元，经核查系出纳人员过失造成的，应由其赔偿。

（2）2 月 28 日，大正公司在库存现金清查中，发现现金溢余 60 元，经反复核查，无法查明溢余原因。

要求：根据以上业务编制大正公司会计分录。

任务实施

请你根据所学知识完成任务描述中永旭公司的会计处理。

序号	会计分录	序号	会计分录
1		4	
2		5	
3		6	

任务总结

请对本次工作任务实施过程进行总结。

收获与成长	
问题与困难	

任务评价

任务	评价项目	评价内容	评价维度		备注
			自评	他评	
库存现金的核算	知识学习	1. 能准确地判断现金的使用范围（10分）			
		2. 能准确地说出现金收支的各项规定（10分）			
		3. 能准确地背诵现金收支、盘点的相关会计分录（10分）			
	技能训练	1. 能独立且正确地完成"小试牛刀"部分的练习（20分）			
		2. 能独立且正确地完成任务实施（20分）			
	素养提升	1. 按时上下课，并按要求完成课前作业及预习（10分）			
		2. 学习态度端正，积极参与课堂活动，工整、准确的记录笔记（10分）			
		3. 熟记现金管理的规定，做到知法守法，不从事违反现金管理规定的行为（10分）			
	合计				

任务二　银行存款的核算

任务描述

永旭公司2024年1月发生的银行存款业务如下。

业务1：1日，以银行存款缴纳上月增值税340 300元。

业务2：7日，销售原材料一批，开出增值税专用发票，价款为10 000元，增值税为1 300元，款项已转入银行账户。

业务3：31日，以银行存款支付上月工资345 000元。

业务4：31日，采购材料一批，收到增值税专用发票，价款为5 000元，增值税为650元，以转账支票付讫，材料已验收入库。

业务5：31日，收到银行转来的对账单，与银行存款日记账进行核对，银行存款日记账余额为102 800元，对账单的余额为85 000元，经逐笔核对发现如下未达账项。

（1）销售商品收到转账支票一张，金额为40 000元，已经登记入账，但银行尚未办理转账业务。

（2）开出转账支票 30 000 元交付购货方，永旭公司已记账，但购货方尚未到银行办理转账。

（3）当月银行存款利息为 4 200 元，已转入企业账户，但永旭公司尚未收到利息收账通知单。

（4）当月银行划转短期借款利息 12 000 元，但永旭公司尚未收到利息付款通知单。

永旭公司以上关于银行存款的业务需要进行哪些会计处理呢？

任务解析

企业每个月都会发生银行存款收付业务，由出纳人员进行相关业务办理，而会计人员则要依据相关原始凭证进行账务处理。为了确保银行存款的安全性，企业每月都会对银行存款进行清查，在清查中往往会出现银行存款日记账与银行对账单在同一天余额不相等的情况，这种情况是如何造成的呢？请同学们在本任务中寻找答案吧！

知识链接

银行存款是指企业存放在银行或其他金融机构的货币资金，包括人民币存款和外币存款等。

一、银行存款的管理

（一）银行账户的种类

企业应当根据业务需要，按照规定在其所在地银行开设账户，运用所开设的账户进行存款、取款以及各种转账业务的结算。企业在银行开设的存款账户分为基本存款账户、一般存款账户、专用存款账户和临时存款账户四种。

1. 基本存款账户

基本存款账户是企业办理日常转账结算和现金收付的账户。一个企业只能选择一家银行的一个营业机构开立一个基本存款账户。工资、奖金等现金的支取只能通过本账户办理。

2. 一般存款账户

一般存款账户是存款人因借款或其他结算需要（与基本存款账户的存款人不在同一地点的不独立核算附属单位进行收付结算），在基本存款账户以外的银行开立的银行结算账户。本账户是存款人的辅助结算账户，借款转存、借款归还和其他结算资金的收付可通过该账户办理。该账户可以办理现金缴存，但不得办理现金支取。

3. 专用存款账户

专用存款账户是存款人按照法律、行政法规和规章，为了对其特定用途资金进行专项管理和使用而开立的银行结算账户。专用存款账户用于办理各项专用资金的收付，如基本建设资金专户、保证金专户、偿债基金专户等。

4. 临时存款账户

临时存款账户是指企业因临时需要并在规定期限内使用而开立的银行结算账户。企业可通过临时存款账户办理临时机构、异地临时经营活动、注册验资等资金的收付。

（二）支票

支票是出票人签发的，委托办理支票存款业务的银行在见票时无条件支付确定金额给收款人或者持票人的票据。支票一律记名，起点金额为100元。支票的提示付款期限为自出票日起10日内，超过提示付款期限的，持票人开户银行不予付款。转账支票可以根据需要在票据交换区域内背书转让。

支票分为现金支票、转账支票和普通支票。标明"现金"字样的支票为现金支票，只能用于提取现金；标明"转账"字样的支票为转账支票，只能用于转账；未标明"现金"和"转账"字样的支票为普通支票，既可以用于支取现金，也可以用于转账。在普通支票左上角划两条平行线的，为划线支票，划线支票只能用于转账，不得用于支取现金。现金支票和转账支票的票样如图1-1和图1-2所示。

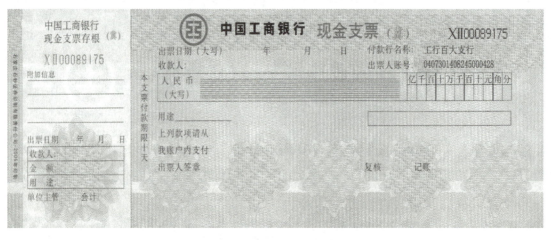

图1-1　现金支票的票样

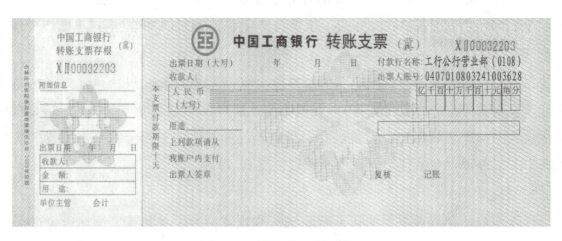

图1-2　转账支票的票样

二、银行存款的账务处理

企业签发现金支票或转账支票的业务流程（支票结算流程）如图1-3所示。

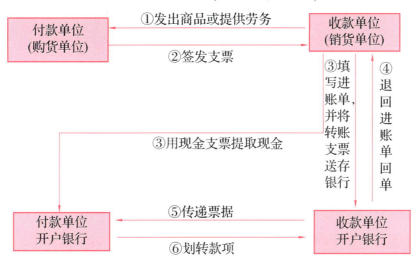

图1-3　支票结算流程

银行存款的核算应设置"银行存款"账户，该账户借方登记银行存款的增加数，贷方登记银行存款的减少数，期末余额在借方，反映期末银行存款的结余数额。常见会计分录如下。

（1）收款时。

借：银行存款

　　贷：主营业务收入/其他业务收入/短期借款/应收账款/应收票据等

（2）付款时。

借：库存现金/应付账款/应付职工薪酬/短期借款/应交税费等

　　贷：银行存款

案例分析

【例1-4】南阳公司1月发生如下银行存款收付业务。

（1）3日，填写进账单，将现金5 000元存入银行。会计分录如下。

借：银行存款　　　　　　　　　　　　　　　　　　　　　　　　　5 000

　　贷：库存现金　　　　　　　　　　　　　　　　　　　　　　　　5 000

（2）5日，签发转账支票一张，支付行政部水电费3 000元、增值税390元。会计分录如下。

借：管理费用　　　　　　　　　　　　　　　　　　　　　　　　　3 000

　　应交税费——应交增值税（进项税额）　　　　　　　　　　　　　390

　　贷：银行存款　　　　　　　　　　　　　　　　　　　　　　　　3 390

（3）8日，销售产品一批，价款为20 000元，增值税为2 600元，收到转账支票一张。会计分录如下。

借：银行存款   22 600

  贷：主营业务收入   20 000

    应交税费——应交增值税（销项税额）   2 600

（4）16日，用银行存款归还短期借款400 000元。会计分录如下。

借：短期借款   400 000

  贷：银行存款   400 000

◇**小试牛刀**

大正公司4月发生的银行存款业务如下。

（1）5日，以银行存款支付前欠货款23 000元。

（2）7日，收到投资者投入资金60 000元，存入银行。

（3）31日，以银行存款支付广告费20 000元、增值税2 600元。

（4）31日，收回货款339 000元，存入银行。

要求：根据上述经济业务，编制大正公司会计分录。

三、银行存款的清查

为了确保银行存款的安全性，防止非法行为的发生，企业必须对银行存款进行清查，每月至少应将银行存款日记账与银行对账单逐笔进行一次核对。在核对时，往往会出现银行存款日记账与银行对账单在同一天余额不相等的情况，如果银行存款日记账和银行对账单金额不符，必须及时查明原因。一般原因有两个：一是企业和银行一方或双方记账有错误；二是存在未达账项。

未达账项是指由于凭证传递时间先后顺序不同，造成企业和银行之间的记账时间不一致，即一方收到凭证已经记账，而另一方未收到凭证尚未记账的款项。未达账项有以下四种。

（1）银行已收款记账，而企业尚未记账的款项。

（2）银行已付款记账，而企业尚未记账的款项。

（3）企业已收款记账，而银行尚未记账的款项。

（4）企业已付款记账，而银行尚未记账的款项。

出现任何一种未达账项，都会使企业银行存款日记账与银行对账单余额不符。对于未达账项，可以通过编制银行存款余额调节表进行调节，如果没有记账错误，调整后的双方余额应相等；如果调整后的双方余额仍然不相等，说明企业或银行出现了记账错误，在查明原因后应及时予以更正，然后编制银行存款余额调节表进行检查，直至调整后的双方余额相符

为止。

案例分析

【例1-5】南阳公司2024年1月31日银行存款日记账余额为23 500元，银行转来对账单的余额为42 500元。经逐笔核对发现如下未达账项。

（1）南阳公司送存转账支票20 000元，并已登记银行存款的增加，但银行尚未记账。

（2）南阳公司开出转账支票15 000元，但持票单位尚未到银行办理转账，银行尚未记账。

（3）南阳公司委托银行代收某企业购货款25 000元，银行已收妥并登记入账，但南阳公司尚未收到收款通知单，尚未记账。

（4）银行代南阳公司支付电话费1 000元，银行已登记入账，但南阳公司尚未收到银行付款通知单，尚未记账。

编制银行存款
余额调节表

根据上述资料，编制银行存款余额调节表（表1-2）。

表1-2　银行存款余额调节表

2024年1月31日　　　　　　　　　　　　　　　　单位：元

项目	金额	项目	金额
银行存款日记账余额	23 500	银行对账单余额	42 500
加：银行已收，企业未收	25 000	加：企业已收，银行未收	20 000
减：银行已付，企业未付	1 000	减：企业已付，银行未付	15 000
调节后的存款余额	47 500	调节后的存款余额	47 500

表1-2所示双方余额调节后是相等的，这表明双方账簿记录没有差错，账实不符完全由未达账项所致。调节后的存款余额是企业月末银行存款的真正实有数额，也就是企业实际可以动用的存款数额。

◇小试牛刀

大正公司2024年1月31日银行存款日记账余额为243 000元，银行对账单余额为248 000元。经逐笔核对，查明有以下未达账项。

（1）大正公司偿还A公司货款25 000元并已登记入账，但银行尚未登记入账。

（2）大正公司收到销售商品款35 100元并已登记入账，但银行尚未登记入账。

（3）银行已划转电费4 900元登记入账，但大正公司尚未收到付款通知单，未登记入账。

（4）银行已收外地汇入货款20 000元并已登记入账，但大正公司尚未收到收款通知单，未登记入账。

要求：编制银行存款余额调节表（表1-3）。

表1-3 银行存款余额调节表

年 月 日   单位：元

项目	金额	项目	金额
银行存款日记账余额		银行对账单余额	
加：银行已收，企业未收 减：银行已付，企业未付		加：企业已收，银行未收 减：企业已付，银行未付	
调节后的存款余额		调节后的存款余额	

任务实施

请你根据所学知识完成任务描述中永旭公司的会计处理。

序号	会计分录	序号	会计分录
1		3	
2		4	
5	表1-4 银行存款余额调节表 年 月 日 单位：元 表格：项目／金额／项目／金额；银行存款日记账余额／银行对账单余额；加：银行已收，企业未收 减：银行已付，企业未付／加：企业已收，银行未收 减：企业已付，银行未付；调节后的存款余额／调节后的存款余额			

任务总结

请对本次工作任务实施过程进行总结。

收获与成长	

続表

			评价维度		备注
			自评	他评	
问题与困难					

任务评价

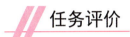

任务	评价项目	评价内容	评价维度		备注
			自评	他评	
银行存款的核算	知识学习	1. 能准确地说出银行存款收支业务的常用会计分录（10分）			
		2. 能准确地判断未达账项的种类（10分）			
		3. 能正确地编制银行存款余额调节表（10分）			
	技能训练	1. 能独立且正确地完成"小试牛刀"部分的练习（20分）			
		2. 能独立且正确地完成任务实施（20分）			
	素养提升	1. 按时上下课，并按要求完成课前作业及预习（10分）			
		2. 学习态度端正，积极参与课堂活动，工整、准确地记录笔记（10分）			
		3. 熟记银行账户管理的各项规定，做知法守法的会计人（10分）			
	合计				

任务三　其他货币资金的核算

任务描述

永旭公司1月发生以下经济业务。

业务1：2日，永旭公司将微信余额10 000元提现，支付手续费10元。

业务2：14日，车间采购办公用品，用微信支付1 400元。

业务3：15日，行政部招待外来参观人员，用微信支付餐饮费500元。

业务4：20日，处理毁损材料一批，用微信收取价款500元，增值税为65元。

请你完成永旭公司以上业务的会计处理。

任务解析

同学们平时也一定经常用微信或支付宝进行收款或付款，那么企业中如果发生这样的业务该如何进行会计处理呢？在本任务中找一找答案吧！

知识链接

其他货币资金是企业除库存现金、银行存款以外的各种货币资金，主要包括外埠存款、银行汇票存款、银行本票存款、信用卡存款、信用证保证金存款、存出投资款等。企业通过"其他货币资金"账户核算其他货币资金，同时还要根据其他货币资金的种类开设明细账户进行明细核算。

在互联网、云计算和大数据飞速发展的今天，支付方式已经发生了翻天覆地的变化，微信、支付宝等支付方式上线，并被企业和个人广泛采用。微信、支付宝支付属于非现金支付方式，其账户余额通过"其他货币资金"账户核算，下设微信和支付宝二级明细账。

一、银行汇票

（一）银行汇票的概念

银行汇票（图1-4）是指出票银行签发的，由其在见票时按照实际结算金额无条件支付给收款人或持票人的票据。银行汇票具有使用灵活、票随人到、兑现性强等特点，适用于先收款后发货或钱货两清的商品交易。单位和个人的各种款项结算，均可使用银行汇票。银行汇票可用于转账，填明"现金"字样的银行汇票也可以用于支取现金。银行汇票一律记名，可以背书转让。银行汇票的提示付款期限为自出票日起一个月，持票人超过付款期限提示付款的，银行将不予受理。

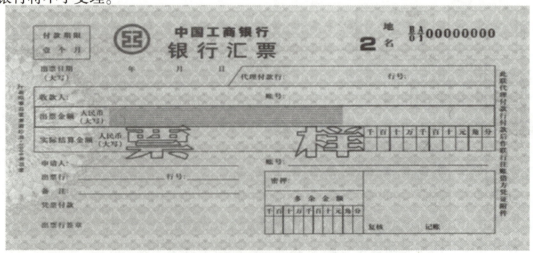

图1-4 银行汇票的票样

（二）银行汇票的结算流程

银行汇票的结算流程如图 1-5 所示。

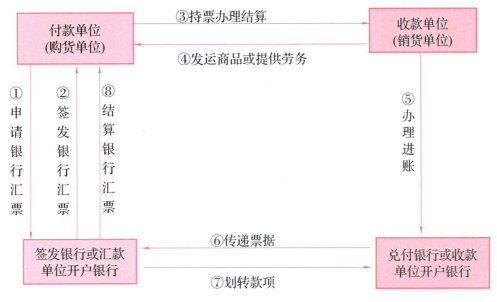

图 1-5　银行汇票的结算流程

（三）银行汇票的账务处理

银行汇票通过"其他货币资金——银行汇票存款"账户核算，企业取得银行签发的银行汇票时，记在该账户的借方；企业使用银行汇票进行采购结算、收回多余汇票款或因汇票超过付款期等原因而退回款项时，记在该账户的贷方；期末余额在借方，反映期末银行汇票存款的结余数。会计分录如下。

（1）申请签发银行汇票时。

借：其他货币资金——银行汇票存款

　　贷：银行存款

（2）持银行汇票付款时。

借：在途物资/原材料/库存商品等

　　应交税费——应交增值税（进项税额）

　　贷：其他货币资金——银行汇票存款

（3）多余款项被退回时。

借：银行存款

　　贷：其他货币资金——银行汇票存款

案例分析

【例 1-6】1 月 8 日，南阳公司到开户银行申请办理银行汇票，银行审核通过并签发一张

60 000 元的银行汇票。1 月 12 日，南阳公司持银行汇票采购材料一批，增值税专用发票上注明价款为 40 000 元，增值税税额为 5 200 元，材料已验收入库，票据已交付。1 月 20 日，南阳公司收到多余款项退回通知，银行将余款 14 800 元收妥入账。会计分录如下。

（1）办理汇票时。

借：其他货币资金——银行汇票存款　　　　　　　　　　　　　　　60 000
　　贷：银行存款　　　　　　　　　　　　　　　　　　　　　　　　60 000

（2）采购材料时。

借：原材料　　　　　　　　　　　　　　　　　　　　　　　　　　40 000
　　应交税费——应交增值税（进项税额）　　　　　　　　　　　　　5 200
　　贷：其他货币资金——银行汇票存款　　　　　　　　　　　　　　45 200

（3）退回多余款项时。

借：银行存款　　　　　　　　　　　　　　　　　　　　　　　　　14 800
　　贷：其他货币资金——银行汇票存款　　　　　　　　　　　　　　14 800

◇小试牛刀

大正公司 1 月发生以下使用银行汇票结算的业务。

（1）12 日，向其开户银行申请签发银行汇票一张用以购买原材料，面值为 250 000 元。

（2）16 日，采购员持上述银行汇票和解讫通知单向异地某公司办理货款结算，取得增值税专用发票一张，货款为 200 000 元，增值税税额为 26 000 元，材料已验收入库。

（3）25 日，收到开户银行转来的多余款收账通知，金额为 24 000 元。

要求：根据上述经济业务，编制大正公司会计分录。

二、外埠存款

（一）外埠存款的内容

外埠存款是指企业到外地进行临时或零星采购时，汇入采购地银行开立采购专户的款项。企业汇出款项时，须填写汇款委托书，加盖"采购资金"字样。汇入银行对汇入的采购款项以汇款单位的名义开立采购专户。采购资金存款不计利息，除采购员差旅费可以支取少量库存现金外，一律转账。采购账户只付不收，付完结束账户。

（二）外埠存款的账务处理

企业应设置"其他货币资金——外埠存款"账户对外埠存款进行核算，企业将款项委托当地银行汇往采购地开立专户时，记在该账户借方；外出采购人员报销用外埠存款支付材料的采购货款及完成采购任务将多余的外埠存款转回当地银行时，记在该账户贷方；期末余额在借方，反映期末外埠存款的结余数。会计分录如下。

（1）开立采购物资专户时。

借：其他货币资金——外埠存款

　　　贷：银行存款

（2）用采购专户支付款项时。

借：在途物资/原材料/库存商品等

　　应交税费——应交增值税（进项税额）

　　　贷：其他货币资金——外埠存款

（3）将多余的外埠存款转回开户银行时。

借：银行存款

　　　贷：其他货币资金——外埠存款

案例分析

【例1-7】1月2日，南阳公司在外地开立临时采购专户，委托银行将200 000元汇往采购地。6日，采购员在采购地购买材料，材料价款为100 000元，增值税税额为13 000元，材料已发出但尚未验收入库。10日，将临时采购账户清户，收到银行转来的收账通知，余款87 000元已收妥入账。具体会计分录如下。

（1）开立临时采购专户时。

借：其他货币资金——外埠存款	200 000
贷：银行存款	200 000

（2）采购材料时。

借：在途物资	100 000
应交税费——应交增值税（进项税额）	13 000
贷：其他货币资金——外埠存款	113 000

（3）转回多余款项时。

借：银行存款	87 000
贷：其他货币资金——外埠存款	87 000

◇小试牛刀

大正公司于1月6日在外地开立临时采购专户，委托银行将80 000元汇往采购地。10日，采购员以外埠存款购买材料，材料价款为50 000元，增值税税额为6 500元，材料已验收入库。14日，将临时采购专户清户，收到银行转来的收账通知，余款23 500元已收妥入账。

要求：根据上述经济业务，编制大正公司会计分录。

三、信用卡存款

（一）信用卡的概念

信用卡是指商业银行向个人和单位发行的，凭以向特约单位购物、消费和向银行存取现金且具有消费信用的特制载体卡片。信用卡按使用对象分为单位卡和个人卡，按信誉等级分为金卡和普通卡。

凡在我国境内金融机构开立基本存款账户的单位均可申领单位卡。单位卡账户的资金一律从其基本存款账户转账存入，续存资金也一律从其基本存款账户转账存入，不得交存现金，不得将销货收入的款项存入其账户。信用卡在规定的限额和期限内允许善意透支。

持卡人可持信用卡在特约单位购物、消费，但单位卡不得用于 10 万元以上的商品交易、劳务供应款项的结算，不得支取现金。信用卡的结算流程如图 1-6 所示。

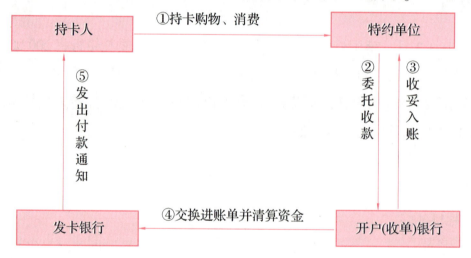

图 1-6　信用卡的结算流程

（二）信用卡的账务处理

信用卡的核算设置"其他货币资金——信用卡存款"账户，企业用信用卡购物、支付相关费用时，记在该账户贷方；还款时，记在该账户借方。常用会计分录如下。

（1）用信用卡支付费用时。

借：管理费用等

　　贷：其他货币资金——信用卡存款

（2）还款时。

借：其他货币资金——信用卡存款

　　贷：银行存款

案例分析

【例1-8】　南阳公司1月发生以下经济业务。

（1）12日，用信用卡购买3 800元的办公用品。会计分录如下。

借：管理费用　　　　　　　　　　　　　　　　　　　　　　　　　3 800

　　贷：其他货币资金——信用卡存款　　　　　　　　　　　　　　　　3 800

（2）账单日，如数归还上月消费金额35 900元。会计分录如下。

借：其他货币资金——信用卡存款　　　　　　　　　　　　　　　　35 900

　　贷：银行存款　　　　　　　　　　　　　　　　　　　　　　　　35 900

四、现代支付手段

微信、支付宝支付属于非现金支付方式，企业需要开通微信、支付宝账号，并与银行卡绑定，企业可以将资金转入微信或支付宝账号，用于日常消费和转账。微信和支付宝账户余额通过"其他货币资金"账户核算，下设"微信余额"和"支付宝余额"二级明细账户进行明细核算。具体会计分录（以微信为例）如下。

（1）资金转入微信余额时。

借：其他货币资金——微信余额

　　贷：银行存款

（2）在微信平台提现扣除手续费时。

借：财务费用

　　贷：其他货币资金——微信余额

（3）用微信余额付款时。

借：管理费用等

　　贷：其他货币资金——微信余额

（4）用微信收款时。

借：其他货币资金——微信余额

　　贷：主营业务收入

　　　　应交税费——应交增值税（销项税额）

（5）提现时。

借：银行存款

　　贷：其他货币资金——微信余额

案例分析

【例1-9】　南阳公司1月发生以下经济业务。

（1）12日，将35 000元转入微信余额。会计分录如下。

借：其他货币资金——微信余额   35 000

  贷：银行存款   35 000

（2）14日，采购办公用品，用微信支付400元。会计分录如下。

借：管理费用   400

  贷：其他货币资金——微信余额   400

◇小试牛刀

大正公司在12月18日开立支付宝账户，并将40 000元资金转入支付宝账户，用于日常零星开支。12月30日，采购员从超市采购元旦联欢会用品5 000元，增值税为650元，用支付宝支付。

要求：根据上述经济业务，编制大正公司会计分录。

任务实施

请你根据所学知识完成任务描述中永旭公司的会计处理。

序号	会计分录	序号	会计分录
1		3	
2		4	

任务总结

请对本次工作任务实施过程进行总结。

收获与成长	
问题与困难	

任务评价

任务	评价项目	评价内容	评价维度		备注
			自评	他评	
其他货币资金的核算	知识学习	1. 能准确地说出其他货币资金的内容（10分）			
		2. 能正确地描述银行汇票业务的流程（10分）			
		3. 能正确地进行其他货币资金业务的会计处理（10分）			
	技能训练	1. 能独立且正确地完成"小试牛刀"部分的练习（20分）			
		2. 能独立且正确地完成任务实施（20分）			
	素养提升	1. 按时上下课，并按要求完成课前作业及预习（10分）			
		2. 学习态度端正，积极参与课堂活动，工整、准确地记录笔记（10分）			
		3. 了解支付方式的变革，感受科技发展给我们的生活带来的便捷，坚持守正创新（10分）			
	合计				

素养课堂

支付方式的变革——坚持守正创新

商业最初源自一种以物易物的原则，即依靠买卖双方的共同利益完成交易。随着时间的推移，它逐渐演变，并最终演变为使用金钱作为媒介完成各种交易，这样就可以大范围地推销和销售各种产品。我国文明和科技的进步，使我国的金融体系取得了长足的发展。这些发展使我国的金融服务更加先进、高效，给人民群众的日常生活提供了极其重要的帮助。

【学原文】

党的二十大报告提出："必须坚持守正创新。我们从事的是前无古人的伟大事业，守正才能不迷失方向、不犯颠覆性错误，创新才能把握时代、引领时代。我们要以科学的态度对待科学、以真理的精神追求真理，坚持马克思主义基本原理不动摇，坚持党的全面领导不动摇，坚持中国特色社会主义不动摇，紧跟时代步伐，顺应实践发展，以满腔热忱对待一切新生事物，不断拓展认识的广度和深度，敢于说前人没有说过的新话，敢于干前人没有干过的事情，以新的理论指导新的实践。"

支付方式的变革如图1-7所示。

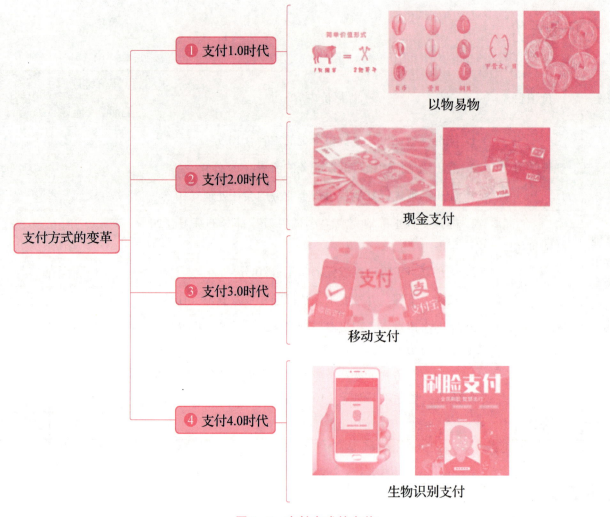

图1-7　支付方式的变革

【悟原理】

　　自古以来，货币的形式一直在演变，但它的本质始终如一。无论是金钱、纸币，还是一串数字代码，都不能改变社会的商业行为，而只有创新才能推动发展，因此，坚持守正创新才能实现社会经济的可持续发展。

项目二

往来款项的账务处理

∥ 项目导读

企业在生产经营过程中会因为商品或劳务的销售、购进等业务与其他企业发生业务往来，而这些业务往来会形成资金的收付。为了提高市场的占有率、促进商品的销售，越来越多的企业会运用商业信用进行促销，因此会形成许多往来款项，如应收票据、应付票据、应收账款、应付账款、预收账款、预付账款、其他应收款、其他应付款。

∥ 目标导学

三维目标

知识目标
1 能准确地区分应收及应付账款的核算范围并背诵相关会计分录
2 能准确地计算现金折扣并进行正确的会计处理
3 能准确地说出商业票据的种类并背诵相关会计分录
4 能准确地背诵预收及预付账款的相关会计分录
5 能准确地说出其他应收及应付款的核算内容

技能目标
1 能独立完成应收及应付账款的账务处理
2 能独立完成应收及应付票据的账务处理
3 能独立完成预收及预付款的账务处理
4 能独立完成其他应收及应付款的账务处理

素养目标
1 ⚑ 坚持系统观念，全面系统地进行专业学习
2 理解现金折扣的意义，树立诚信意识

内容导览

任务一　应收及应付票据的核算

任务描述

永旭公司与易达公司之间发生以下经济业务。

业务1：1月10日，永旭公司向易达公司销售一批B产品，增值税专用发票上注明的价款为50 000元，增值税税额为6 500元，产品已发出。易达公司收到增值税专用发票，但未收到货物，向永旭公司交付一张面值为56 500元、期限为3个月的银行承兑汇票抵付货款。

业务2：4月10日，银行承兑汇票到期，易达公司支付上述票款。

业务3：2月1日，永旭公司向易达公司销售一批A产品，增值税专用发票上注明的价款为20 000元，增值税税额为2 600元，产品已发出。易达公司收到增值税专用发票，但未收到货物，向永旭公司交付一张面值为22 600元、期限为6个月的商业承兑汇票。

业务4：8月1日，易达公司资金困难，无力支付货款。

请分别以永旭公司和易达公司为会计主体进行以上业务的会计处理。

汇票家族

任务解析

永旭公司向易达公司销售B产品时收到的是银行承兑汇票，销售A产品时收到的是商业承兑汇票。这两种票据在会计核算上有没有区别呢？请同学们认真学习本任务内容，分别帮永旭公司和易达公司完成这4笔经济业务的会计处理。

知识链接

商业汇票是指由出票人签发、委托付款人在指定日期无条件支付确定金额给收款人或持票人的票据。

商业汇票按其承兑人不同可分为商业承兑汇票和银行承兑汇票。商业承兑汇票由银行以外的付款人承兑，银行承兑汇票由银行承兑，承兑银行按票面金额向出票人收取万分之五的手续费。

商业汇票按其是否带息可分为带息商业汇票和不带息商业汇票。带息商业汇票是指在商业汇票到期时，承兑人必须按票面金额加上应计利息向收款人或被背书人支付票款的票据。不带息商业汇票是指商业汇票到期时，承兑人只按票面金额（即面值）向收款人或被背书人支付票款的票据。

下面以银行承兑汇票为例介绍银行承兑汇票的结算流程，如图 2-1 所示。

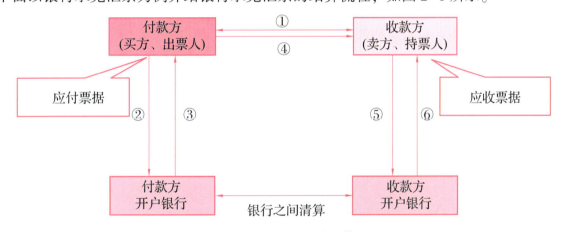

图 2-1 银行承兑汇票的结算流程

（1）买卖双方签订商品交易合同，并在合同中注明采用银行承兑汇票进行结算。

（2）付款方（买方、出票人）按照合同规定签发银行承兑汇票，并填制"银行承兑协议"交给承兑银行。

（3）银行审核通过后，在"银行承兑协议"上加盖银行公章或合同章，在银行承兑汇票上加盖汇票专用章，并至少加盖一个经办人私章。

（4）付款方（买方、出票人）将银行承兑汇票交给收款人（卖方、持票人）。

（5）收款人（卖方、持票人）到期向其开户银行提示收款。

（6）收款人开户银行将款项从付款人账户划转到收款人账户。

银行承兑汇票

同一张商业汇票，收款人通过"应收票据"账户核算，付款人通过"应付票据"账户核算。

一、应收票据

应收票据是指企业在商业汇票结算方式下，因发生销售商品、材料等交易而收到的商业汇票。企业应在收到商业汇票时，按票面金额（面值）入账。

企业设置"应收票据"账户来核算企业因销售商品、产品或提供劳务而收到的商业汇票。借方登记收到商业汇票的面值和期末计提的带息应收票据利息；贷方登记票据到期收款而结转的应收票据的账面价值，或因付款人无力支付票款而转入应收账款的应收票据的账面价值；期末余额在借方，反映企业持有的商业汇票的票面价值和已计提的利息。

（一）收到商业汇票时

企业收到商业汇票时，应根据票据面值借记"应收票据"账户，会计分录如下。

借：应收票据

  贷：主营业务收入

    应交税费——应交增值税（销项税额）

案例分析

【例2-1】南阳公司在1月15日向光达公司销售A商品一批，开具的增值税专用发票注明价款为10 000元，增值税税额为1 300元，共计11 300元。对方开出为期3个月的银行承兑汇票一张抵付货款。会计分录如下。

借：应收票据——光达公司   11 300

  贷：主营业务收入   10 000

    应交税费——应交增值税（销项税额）   1 300

◇学习随想

请同学们想一想：企业收到的应收票据可以转让吗？可以上网查一查。

（二）汇票到期时

汇票到期时，如果企业全额收到票款及利息，则借记"银行存款"账户，贷记"应收票据"账户。如果企业持有的是商业承兑汇票而到期未能收到票款，则应将应收票据全额转入应收账款。会计分录如下。

借：银行存款   （到期收款时）

  应收账款   （商业承兑汇票到期而无法收款时）

  贷：应收票据

案例分析

【例2-2】4月15日汇票到期，南阳公司收回票款。会计分录如下。

借：银行存款　　　　　　　　　　　　　　　　　　　11 300

　　贷：应收票据——光达公司　　　　　　　　　　　　　　　　11 300

◇小试牛刀

（1）1月15日，大正公司销售一批商品给A公司，商品已发出并开具增值税专用发票，注明销售价款为30 000元，增值税税额为3 900元。大正公司当日收到A公司签发的一张商业承兑汇票，有效期为4个月。

要求：编制大正公司收到汇票时和汇票到期收款时的会计分录。

（2）1月20日，大正公司销售一批商品给光大公司，商品已发出并开出增值税专用发票，注明价款为20 000元，增值税税额为2 600元。大正公司当日收到光大公司签发的一张商业承兑汇票，有效期为3个月。

要求：编制大正公司收到汇票时和汇票到期无法收回票款时的会计分录。

二、应付票据

应付票据是指企业因购买材料、商品和接受劳务供应等而开出、承兑的商业汇票。

为了反映和监督应付票据的发生和偿付业务，企业应设置"应付票据"账户，核算企业因购买材料、商品和接受劳务供应等而开出、承兑的应付票据的发生、偿付业务。该账户是一个负债类账户，贷方登记开出、承兑汇票的面值及带息票据的预提利息；借方登记到期支付票款或到期转销无法支付票款的金额；余额在贷方，表示企业尚未到期的商业汇票的票面金额和应付未付的利息。

（一）签发商业汇票时

付款方（买方、出票人）按照采购合同的规定签发商业汇票时，贷记"应付票据"账户，会计分录如下。

借：在途物资/原材料等

　　应交税费——应交增值税（进项税额）

　　贷：应付票据

案例分析

【例2-3】1月15日，光达公司向南阳公司采购一批材料，增值税专用发票注明价款为10 000元，增值税税额为1 300元，共计11 300元。开出为期3个月的银行承兑汇票一张抵付

货款，材料未收到。会计分录如下。

借：在途物资 10 000
　　应交税费——应交增值税（进项税额） 1 300
　　贷：应付票据——南阳公司 11 300

（二）汇票到期时

汇票到期时，企业应按票面金额及应付利息金额将款项支付给收款人，并冲减"应付票据"账户。汇票到期时，如果企业无力支付票款及利息，则应区分商业承兑汇票和银行承兑汇票进行处理。如果签发的是商业承兑汇票而出票人到期无力支付票款，则应将"应付票据"账户转为"应付账款"账户；如果签发的是银行承兑汇票而出票人到期无力支付票款，则承兑银行会先将票款支付给收款人，企业应将"应付票据"账户转为"短期借款"账户。会计分录如下。

借：应付票据
　　贷：银行存款 　　（到期付款时）
　　　　短期借款 　　（银行承兑汇票到期而无法付款时）
　　　　应付账款 　　（商业承兑汇票到期而无法付款时）

【例2-4】4月15日汇票到期，光达公司支付票款。会计分录如下。

借：应付票据——光达公司 11 300
　　贷：银行存款 11 300

如果汇票到期，光达公司无力支付票款，则会计分录如下。

借：应付票据——光达公司 11 300
　　贷：短期借款 11 300

◇小试牛刀

大正公司发生如下业务。

（1）1月10日，开出为期3个月、面值为226 000元的商业承兑汇票一张，用来支付购买材料的货款（其中材料价款为200 000元，增值税税额为26 000元），材料已验收入库。

（2）4月10日，票据到期，大正公司通知其开户银行付款。

（3）假设4月10日大正公司无力支付货款。

要求：根据以上业务编制大正公司会计分录。

任务实施

请你根据所学知识完成任务描述中永旭公司和易达公司的会计处理。

时间	永旭公司	易达公司
1 月 10 日		
4 月 10 日		
2 月 1 日		
8 月 1 日		

// 任务总结

请对本次工作任务实施过程进行总结。

收获与成长	
问题与困难	

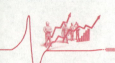

▶▶ 任务评价

任务	评价项目	评价内容	评价维度 自评	评价维度 他评	备注
应收及应付票据的核算	知识学习	1. 能对应收票据进行正确的账务处理（10分）			
		2. 能对应付票据进行正确的账务处理（10分）			
		3. 能准确区分商业承兑汇票和银行承兑汇票（10分）			
	技能训练	1. 能独立且正确地完成"小试牛刀"部分的练习（20分）			
		2. 能独立且正确地完成任务实施（20分）			
	素养提升	1. 按时上下课，并按要求完成课前作业及预习（10分）			
		2. 学习态度端正，积极参与课堂活动，工整、准确地记录笔记（10分）			
		3. 坚持系统观念，全面系统地进行专业学习（10分）			
	合计				

任务二　应收及应付账款的核算

任务描述

永旭公司与易达公司1月份发生以下经济业务。

业务1：1月2日，永旭公司向易达公司销售一批A产品，增值税专用发票上注明的价款为20 000元，增值税税额为2 600元，产品已发出但未运到，货款尚未收到。

业务2：1月5日，永旭公司向易达公司销售一批C产品，增值税专用发票上注明的价款为100 000元，增值税税额为13 000元，易达公司未收到货物也未支付货款。永旭公司为了及早收回货款，在合同中规定现金折扣条件为2/10，1/20，n/30（计算现金折扣时考虑增值税）。

业务3：1月20日，易达公司偿还永旭公司1月5日货款。

请分别完成永旭公司和易达公司的会计处理。

任务解析

同一笔经济业务，对永旭公司来说是应收账款，而对易达公司来说却是应付账款（图2-2）。同学们，如果你是永旭公司的会计，你应该如何进行账务处理呢？如果你是易达公司的会计，你又该如何进行账务处理呢？相信你在认真学完本任务后，一定能进行正确的账务处理！

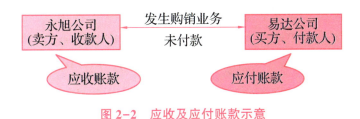

图 2-2 应收及应付账款示意

知识链接

一、应收账款

应收账款是指企业因销售商品或提供劳务等经营活动，应向购货单位或接受劳务单位收取的款项，包括应收取的货款、增值税销项税额、代购货单位垫付的运杂费等。为了反映企业应收账款增减变动及结余情况，企业应设置"应收账款"账户。该账户是资产类账户，借方登记应收账款的增加额，贷方登记应收账款的收回数和确认的坏账损失数，期末余额一般在借方，表示尚未收回的应收账款；期末余额如果在贷方，则表示企业预收的货款。该账户按购货单位设置三栏式明细账，以反映各购货单位货款的支付情况。

（一）发生赊销业务时

企业向客户销售商品或提供劳务时，由于客户无法支付货款，会形成应收账款，常用会计分录如下。

借：应收账款
　　贷：主营业务收入/其他业务收入
　　　　应交税费——应交增值税（销项税额）
　　　　银行存款/库存现金　　　　　　　　　　　　　　　　　（代垫运杂费）

案例分析

【例2-5】1月1日，南阳公司销售给宏达公司一批产品，开具的增值税专用发票上注明价款为 10 000 元，增值税税额为 1 300 元，用银行存款代垫运费 500 元，产品已发出，货款尚

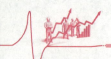

未收到。南阳公司应编制会计分录如下。

借：应收账款——宏达公司　　　　　　　　　　　　　　　　　　　　11 800
　　贷：主营业务收入　　　　　　　　　　　　　　　　　　　　　　　10 000
　　　　应交税费——应交增值税（销项税额）　　　　　　　　　　　　 1 300
　　　　银行存款　　　　　　　　　　　　　　　　　　　　　　　　　　 500

（二）收回货款时

应收账款会形成企业的资金占用，为了防范风险并减少资金占用，企业通常会提供现金折扣以尽快收回货款。现金折扣是为了鼓励债务人尽早付清货款而给予的优惠，表示方式为"折扣率/付款期限"，如" 2/10，1/20，n/30"，表示买方在 10 天之内付款，企业可给予买方 2% 的折扣；买方在 11 ～ 20 天内付款，企业可给予买方 1% 的折扣；买方在 21 ～ 30 天内付款，则不给予折扣，需支付全部款项。现金折扣发生在销货之后，是一种融资性质的理财费用，因此发生时记入"财务费用"账户。企业收回应收账款时的常用会计分录如下。

借：银行存款　　　（实收金额）
　　财务费用　　　（现金折扣）
　　贷：应收账款　　（应收总额）

案例分析

【例 2-6】 1 月 15 日，南阳公司收回宏达公司所欠货款 11 800 元，存入银行。会计分录如下。

借：银行存款　　　　　　　　　　　　　　　　　　　　　　　　　　11 800
　　贷：应收账款——宏达公司　　　　　　　　　　　　　　　　　　　11 800

【例 2-7】 南阳公司与光明公司在 1 月发生如下业务。

（1） 1 日，销售一批产品给光明公司，增值税专用发票上注明的价款为 100 000 元，增值税税额为 13 000 元。南阳公司为了及早收回货款，在合同中规定现金折扣条件为 2/10，1/20，n/30（计算现金折扣时考虑增值税）。产品已发运，并委托银行办妥托收手续。

（2） 假设光明公司在 9 日付清货款。

（3） 假设光明公司在 19 日付清货款。

（4） 假设光明公司在 29 日付清货款。

南阳公司会计分录如下。

应收账款的核算

（1） 1 月 1 日，销售产品时。

借：应收账款——光明公司　　　　　　　　　　　　　　　　　　　113 000
　　贷：主营业务收入　　　　　　　　　　　　　　　　　　　　　　100 000
　　　　应交税费——应交增值税（销项税额）　　　　　　　　　　　　13 000

（2）1月9日，收到货款时。

$$现金折扣 = 113\ 000 \times 2\% = 2\ 260（元）$$

$$实收金额 = 113\ 000 - 2\ 260 = 110\ 740（元）$$

借：银行存款　　　　　　　　　　　　　　　　　　　110 740

　　财务费用　　　　　　　　　　　　　　　　　　　　2 260

　　　贷：应收账款——光明公司　　　　　　　　　　　　　　　113 000

（3）1月19日，收到货款时。

$$现金折扣 = 113\ 000 \times 1\% = 1\ 130（元）$$

$$实收金额 = 113\ 000 - 1\ 130 = 111\ 870（元）$$

借：银行存款　　　　　　　　　　　　　　　　　　　111 870

　　财务费用　　　　　　　　　　　　　　　　　　　　1 130

　　　贷：应收账款——光明公司　　　　　　　　　　　　　　　113 000

（4）1月29日，收到货款时。

借：银行存款　　　　　　　　　　　　　　　　　　　113 000

　　　贷：应收账款——光明公司　　　　　　　　　　　　　　　113 000

◇小试牛刀

（1）大正公司1月8日向长江公司赊销一批商品，价款为50 000元，增值税税额为6 500元，现金折扣条件为2/10，1/20，n/30（计算现金折扣时不考虑增值税）。

（2）大正公司1月8日向长江公司赊销一批商品，价款为50 000元，增值税税额为6 500元，现金折扣条件为2/10，1/20，n/30（计算现金折扣时考虑增值税）。

要求：分别完成大正公司1月8日销售、1月12日、1月26日或1月30日收到货款的会计分录。

◇学习随想

请同学们想一想：企业长期无法收回的应收账款应该如何处理？

二、应付账款

应付账款是指企业因购买材料、商品或接受劳务供应等经营活动应支付的款项。

为了核算企业因购买材料、商品和接受劳务供应等而应付给供应单位的款项，企业应设置"应付账款"账户。该账户是一个负债类账户，其贷方登记企业因购买材料、商品或接受劳务等而发生的应付账款；借方登记偿还的应付账款，或开出商业汇票抵付应付账款的款项，或已冲销的无法支付的应付账款；余额一般在贷方，表示企业尚未支付的应付账款总额。此外，企业还应按供应单位设置明细账户，进行明细分类核算。

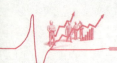

（一）发生赊购业务时

企业采购商品或接受劳务时，如果无法支付货款，会形成应付账款，常用会计分录如下。

借：在途物资/原材料/库存商品等　　　　　　　　　　　（价款+运费等）

　　应交税费——应交增值税（进项税额）

　　贷：应付账款

　案例分析

【例2-8】1月1日，宏达公司向南阳公司采购一批材料，收到的增值税专用发票上注明价款为10 000元，增值税税额为1 300元，南阳公司用银行存款代垫运费500元（不考虑增值税）。材料已验收入库，宏达公司尚未付款。宏达公司应编制会计分录如下。

借：原材料　　　　　　　　　　　　　　　　　　　　　　　　10 500

　　应交税费——应交增值税（进项税额）　　　　　　　　　　 1 300

　　贷：应付账款——南阳公司　　　　　　　　　　　　　　　 11 800

（二）偿还应付账款时

应付账款附有现金折扣条件的，应按照扣除现金折扣前的应付账款总额入账。因在折扣期内付款而获得的现金折扣，应在偿付应付账款时冲减财务费用。常用会计分录如下。

借：应付账款　　　　　　　　　　　　　　　　　　　（总额）

　　贷：银行存款　　　　　　　　　　　　　　　　　（实付金额）

　　　　财务费用　　　　　　　　　　　　　　　　　（现金折扣）

案例分析

【例2-9】1月15日，宏达公司偿还上述货款时。

借：应付账款——南阳公司　　　　　　　　　　　　　　　　　11 800

　　贷：银行存款　　　　　　　　　　　　　　　　　　　　　 11 800

【例2-10】光明公司在1月发生如下业务。

（1）1日，向南阳公司采购一批材料，增值税专用发票上注明的价款为100 000元，增值税税额为13 000元。材料未到达，货款未支付。南阳公司给出的现金折扣条件为2/10，1/20，n/30（计算现金折扣时考虑增值税）。

（2）假设光明公司在9日付清货款。

（3）假设光明公司在19日付清货款。

（4）假设光明公司在29日付清货款。

光明公司应编制会计分录如下。

（1）1月1日，采购时。

借：原材料　　　　　　　　　　　　　　　　　　　　　　　　　100 000

　　应交税费——应交增值税（进项税额）　　　　　　　　　　　13 000

　　　贷：应付账款——南阳公司　　　　　　　　　　　　　　　　113 000

（2）1月9日，支付货款时。

$$现金折扣 = 113\ 000 \times 2\% = 2\ 260（元）$$

$$实付金额 = 113\ 000 - 2\ 260 = 110\ 740（元）$$

借：应付账款——南阳公司　　　　　　　　　　　　　　　　　　113 000

　　　贷：银行存款　　　　　　　　　　　　　　　　　　　　　　110 740

　　　　　财务费用　　　　　　　　　　　　　　　　　　　　　　　2 260

（3）1月19日，支付货款时。

$$现金折扣 = 113\ 000 \times 1\% = 1\ 130（元）$$

$$实付金额 = 113\ 000 - 1\ 130 = 111\ 870（元）$$

借：应付账款——南阳公司　　　　　　　　　　　　　　　　　　113 000

　　　贷：银行存款　　　　　　　　　　　　　　　　　　　　　　111 870

　　　　　财务费用　　　　　　　　　　　　　　　　　　　　　　　1 130

（4）1月29日，支付货款时。

借：应付账款——南阳公司　　　　　　　　　　　　　　　　　　113 000

　　　贷：银行存款　　　　　　　　　　　　　　　　　　　　　　113 000

◇**小试牛刀**

（1）大正公司于1月6日向长江公司购入乙商品100件，每件100元，商品已验收入库，货款尚未支付。长江公司同意给大正公司现金折扣，具体折扣条件为2/10，1/20，n/30，同时现金折扣不考虑增值税，两公司均适用13%的增值税税率。

（2）大正公司于1月6日向长江公司购入乙商品100件，每件100元，商品已验收入库，货款尚未支付。长江公司同意给大正公司现金折扣，具体折扣条件为2/10，1/20，n/30，同时现金折扣考虑增值税，两公司均适用13%的增值税税率。

要求：分别编制大正公司1月6日采购，1月13日、1月18日、1月30日偿还货款的相关会计分录。

◇**学习随想**

请同学们想一想：企业因某种原因确实无法支付或不需要支付的应付账款应该如何处理？

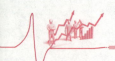

任务实施

请你根据所学知识完成任务描述中永旭公司和易达公司的会计处理。

序号	日期	永旭公司	易达公司
1	1月2日		
2	1月5日		
3	1月20日		

任务总结

请对本次工作任务实施过程进行总结。

收获与成长	
问题与困难	

任务评价

任务	评价项目	评价内容	评价维度		备注
			自评	他评	
应收及应付账款的核算	知识学习	1. 能准确地对应收账款进行核算（10分）			
		2. 能准确地对应付账款进行核算（10分）			
		3. 能正确地计算现金折扣并进行核算（10分）			
	技能训练	1. 能独立且正确地完成"小试牛刀"部分的练习（20分）			
		2. 能独立且正确地完成任务实施（20分）			
	素养提升	1. 按时上下课，并按要求完成课前作业及预习（10分）			
		2. 学习态度端正，积极参与课堂活动，工整、准确地记录笔记（10分）			
		3. 理解现金折扣的意义，树立诚信意识（10分）			
	合计				

任务三　预收及预付账款的核算

任务描述

永旭公司于1月3日签订一份销售合同，销售合同约定在1月20日向易达公司销售一批D产品，价款为110 000元，增值税税额为14 300元；易达公司于1月5日向永旭公司支付订金10 000元；1月20日，永旭公司按销售合同约定向易达公司发出D产品并按合同价格开出增值税专用发票；1月23日，易达公司收到D产品，当日验收入库，并向永旭公司支付剩余款项。

请你分别帮助永旭公司和易达公司完成会计处理。

任务解析

永旭公司收到订金时由于不满足收入确认条件，因此不能确认收入，而应记入"预收账款"账户（图2-3）。易达公司支付订金时又该怎么进行账务处理？请同学们在本任务内容中找一找答案吧！

图 2-3　预收及预付账款示意

知识链接

一、预付账款

（一）预付账款概述

预付账款，是指企业在商品交易中按双方合同约定预先支付的部分货款。

经常有预付账款业务的企业应设置"预付账款"账户进行核算。"预付账款"账户是资产类账户，其借方登记预付给供货单位的货款，以及补付的货款；贷方登记收到订购材料物资的增值税专用发票所列的总金额、供货方代垫的款项，以及退回多付的金额；期末借方余额反映企业向供货方预付的货款，如为贷方余额，则反映企业尚未补付的款项。为了反映预付账款详细情况，在"预付账款"总账账户下，可按供货单位设置明细账，进行明细核算。

预付账款不多的企业可以不设置"预付账款"账户，而直接通过"应付账款"账户核算。

（二）预付账款的账务处理

企业根据购货合同的规定向供货单位预付款项时，借记"预付账款"账户，贷记"银行存款"账户；企业收到所购货物时，按照应记入所购物资成本的金额借记"在途物资""材料采购""原材料""库存商品""应交税费——应交增值税（进项税额）"等账户，贷记"预付账款"账户；当预付账款小于采购货物所需支付的款项时，应将不足部分补齐，借记"预付账款"账户，贷记"银行存款"账户；当预付账款大于采购货物所需支付的款项时，收回的多余款项应借记"银行存款"账户，贷记"预付账款"账户。常用会计分录如下。

（1）预付时。

借：预付账款

　　贷：银行存款

（2）收到货物时。

借：原材料/库存商品

　　应交税费——应交增值税（进项税额）

　　贷：预付账款

（3）补付货款时。

借：预付账款

    贷：银行存款

案例分析

【例 2-11】 南阳公司从宏达公司购入一批材料，价款为 1 000 000 元，增值税税额为 130 000 元。双方约定南阳公司预付 40% 的价款，待收到货物后再补付余下的货款。会计分录如下。

（1）预付货款时。

借：预付账款——宏达公司   400 000

    贷：银行存款   400 000

（2）收到货物时。

借：原材料   1 000 000

    应交税费——应交增值税（进项税额）   130 000

        贷：预付账款——宏达公司   1 130 000

（3）补付货款时。

借：预付账款——宏达公司   730 000

    贷：银行存款   730 000

二、预收账款

（一）预收账款概述

预收账款，是指企业按照合同规定向购货单位预收的款项。

为了反映预收账款的增减变动情况，应设置"预收账款"账户。该账户是负债类账户，其贷方登记预收的款项，借方登记销售产品的收入和余款退回；期末贷方余额表示尚未付出产品的预收货款，借方余额表示购货单位应补付的款项。"预收账款"账户应按购货单位设置

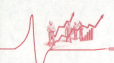

明细账，进行明细核算。预收账款不多的企业可以不设置"预收账款"账户，而直接通过"应收账款"账户进行核算。

（二）预收账款的账务处理

企业在向购货单位预收款项时，借记"银行存款"账户，贷记"预收账款"账户。销售实现时，按增值税专用发票上注明的价款贷记"主营业务收入"账户，按增值税专用发票上的增值税税额贷记"应交税费——应交增值税（销项税额）"账户，按增值税专用发票上的价税合计金额，借记"预收账款"账户。收到购货单位补付货款时，借记"银行存款"账户，贷记"预收账款"账户；退回购货单位多付货款时，编制相反的会计分录。常用会计分录如下。

（1）预收货款时。

借：银行存款

　　贷：预收账款

（2）发出货物时。

借：预收账款

　　贷：主营业务收入

　　　　应交税费——应交增值税（销项税额）

（3）收到补付货款时。

借：银行存款

　　贷：预收账款

案例分析

【例2-12】沿用【例2-11】的资料，宏达公司应编制会计分录如下。

（1）收到预收款项时。

借：银行存款　　　　　　　　　　　　　　　　　　　　　　　400 000

　　贷：预收账款——南阳公司　　　　　　　　　　　　　　　　400 000

（2）发出商品时。

借：预收账款——南阳公司　　　　　　　　　　　　　　　　1 130 000

　　贷：主营业务收入　　　　　　　　　　　　　　　　　　　1 000 000

　　　　应交税费——应交增值税（销项税额）　　　　　　　　　130 000

（3）收到补付货款时。

借：银行存款　　　　　　　　　　　　　　　　　　　　　　　730 000

　　贷：预收账款——南阳公司　　　　　　　　　　　　　　　　730 000

（4）假如宏达公司预收的货款不是400 000元，而是1 200 000元，则应退还南阳公司

70 000元。

借：预收账款——南阳公司　　　　　　　　　　　　　　　　　70 000

　　贷：银行存款　　　　　　　　　　　　　　　　　　　　　　　　70 000

◇**小试牛刀**

大正公司发生如下业务。

（1）1月8日，向红星公司销售一批产品，按合同约定预收货款4 000元。

（2）1月20日，发出货物，发票账单上列明价款为10 000元，增值税税额为1 300元，以银行存款代垫运费500元。

（3）1月28日，收到红星公司补付的货款并存入银行。

要求：编制大正公司相应的会计分录。

任务实施

请你根据所学知识完成任务描述中永旭公司和易达公司的会计处理。

任务关键词	会计分录	
	永旭公司	易达公司
收到/支付订金时		
发出/收到货物时		
收到/补付剩余货款时		

任务总结

请对本次工作任务实施过程进行总结。

收获与成长	
问题与困难	

任务评价

任务	评价项目	评价内容	评价维度		备注
			自评	他评	
预收及预付账款的核算	知识学习	1. 能准确地核算预收账款（15 分）			
		2. 能准确地核算预付账款（15 分）			
	技能训练	1. 能独立且正确地完成"小试牛刀"部分的练习（20 分）			
		2. 能独立且正确地完成任务实施（20 分）			
	素养提升	1. 按时上下课，并按要求完成课前作业及预习（10 分）			
		2. 学习态度端正，积极参与课堂活动，工整、准确地记录笔记（10 分）			
		3. 通过本任务的学习，了解销售合同的重要性，遵守契约精神（10 分）			
	合计				

任务四 其他应收、应付款的核算

任务描述

1月15日，永旭公司出借给易达公司一批包装物，收取押金2 500元并存入银行。2月15日，易达公司完好无损地归还了这批包装物，永旭公司把押金退还给易达公司。

请你帮助永旭公司和易达公司分别完成上述业务的会计处理。

任务解析

企业因销售商品或提供劳务等经营活动，应向购货单位或接受劳务单位收取的款项记入"应收账款"账户；企业因购买材料、商品或接受劳务供应等经营活动应支付的款项记入"应付账款"账户。那么，除此之外的一些应收、应付款项应该记入哪个账户（图2-4）？请同学们认真学习本任务内容，分别帮永旭公司和易达公司完成这笔经济业务的会计处理。

图2-4 其他应收款、应付款示意

知识链接

绿色出行

一、其他应收款

其他应收款是指企业销售商品、材料、提供劳务等以外的其他非经营活动所引起的应收、暂付款项，包括应收的各种罚款、赔款、存出保证金（支付的押金）、备用金以及应向职工收取的各种垫付款项等。

为了反映和监督企业发生的各项其他应收款，企业应设置"其他应收款"账户。该账户是资产类账户，其借方反映企业应收取的各种罚款、赔款等，贷方反映企业收回的其他应收款；期末余额在借方，表示应收而未收到的款项。常用会计分录如下。

（1）确认其他应收款时（职工预借差旅费、支付押金、代职工垫付款项）。

借：其他应收款

    贷：库存现金/银行存款等

（2）收回其他应收款时（职工报销差旅费、收回押金、收回代垫款项）。

借：管理费用/银行存款/应付职工薪酬等

　　贷：其他应收款

▌▌案例分析

【例2-13】职工王刚于1月6日外出参加会议，预借差旅费2 000元，以现金支付。1月12日，王刚出差归来，报销费用1 600元，退回现金400元。相应会计分录如下。

（1）预借差旅费时。

借：其他应收款——王刚　　　　　　　　　　　　　　　　　　　　2 000

　　贷：库存现金　　　　　　　　　　　　　　　　　　　　　　　　　2 000

（2）报销时。

借：管理费用　　　　　　　　　　　　　　　　　　　　　　　　　　1 600

　　库存现金　　　　　　　　　　　　　　　　　　　　　　　　　　　400

　　贷：其他应收款——王刚　　　　　　　　　　　　　　　　　　　　2 000

【例2-14】1月10日，南阳公司从虹光公司借入100个包装桶，以银行存款支付押金5 000元。2月10日，南阳公司如数归还100个包装桶，收到退还的押金并存入银行。相应会计分录如下。

（1）支付押金时。

借：其他应收款——虹光公司　　　　　　　　　　　　　　　　　　　5 000

　　贷：银行存款　　　　　　　　　　　　　　　　　　　　　　　　　5 000

（2）收到退还押金时。

借：银行存款　　　　　　　　　　　　　　　　　　　　　　　　　　5 000

　　贷：其他应收款——虹光公司　　　　　　　　　　　　　　　　　　5 000

◇小试牛刀

大正公司1月发生如下业务。

（1）1月15日，车间技术员王海外出开会，预借差旅费1 000元，财务部门以现金支付。

（2）1月18日，王海出差归来，报销差旅费960元，交回余款40元。

（3）1月20日，租入包装物一批，以银行存款支付押金2 000元。

（4）4月20日，归还租入包装物，收到对方退还的押金并存入银行。

要求：根据大正公司发生的业务编制相应的会计分录。

二、其他应付款

其他应付款，是指企业在除了应付票据、应付账款、预收账款、应付职工薪酬、应交税费等流动负债外发生的一些应付、暂收其他单位和个人的款项。其内容包括应付经营租入固定资产和包装物的租金；职工未按期领取的工资；存入保证金（如收取的押金等）；应付、暂收所属单位、个人的款项；其他应付、暂收款项等。

为了反映和监督企业发生的各项其他应付款，企业应设置"其他应付款"账户。该账户属于负债类账户，其贷方登记发生的各种应付、暂收款项，借方登记偿还或转销的各种应付、暂收款项；期末余额在贷方，表示企业应付未付的其他应付款项。"其他应付款"账户应按应付和暂收款项的类别和单位或个人设置明细账，进行明细核算。常用会计分录如下。

（1）发生其他应付、暂收款项时（如收到押金、确认应付租金）。

借：银行存款/库存现金/制造费用等

　　贷：其他应付款

（2）退回或支付其他应付、暂收款项时。

借：其他应付款

　　贷：银行存款/库存现金

【例2-15】1月4日，南阳公司向宏达公司租入办公用房和生产车间，每月需支付的房租分别为65 000元和20 000元。会计分录如下。

（1）发生应付未付房租时。

借：管理费用　　　　　　　　　　　　　　　　　　　　　　　　65 000

　　制造费用　　　　　　　　　　　　　　　　　　　　　　　　20 000

　　　贷：其他应付款——应付房租（宏达公司）　　　　　　　　　85 000

（2）支付房租时。

借：其他应付款——应付房租（宏达公司）　　　　　　　　　　　85 000

　　贷：银行存款　　　　　　　　　　　　　　　　　　　　　　85 000

【例2-16】1月14日，南阳公司出借给华光公司一批包装物，收取包装物押金10 000元并存入银行。一个月后收回出借的包装物，以银行存款退还押金。会计分录如下。

（1）收到押金时。

借：银行存款　　　　　　　　　　　　　　　　　　　　　　　10 000

　　贷：其他应付款——存入保证金（华光公司）　　　　　　　　10 000

（2）退还押金时。

借：其他应付款——存入保证金（华光公司）　　　　　　　　　10 000

　　贷：银行存款　　　　　　　　　　　　　　　　　　　　　10 000

◇**小试牛刀**

大正公司发生如下经济业务。

（1）1月1日，租入生产设备一台，每月租金为4 000元，按季支付。

（2）1月5日，出租给虹光公司一批包装物，收取押金5 000元并存入银行。

（3）4月5日，如数收回包装物，以银行存款退还押金给虹光公司。

要求：根据上述业务编制大正公司1月1日确认租金、1月5日收到押金、4月5日退还押金的会计分录。

任务实施

请你根据所学知识完成任务描述中永旭公司和易达公司的会计处理。

任务关键词	会计分录	
	永旭公司	易达公司
收到/支付押金时		
退还/收到押金时		

任务总结

请对本次工作任务实施过程进行总结。

收获与成长	
问题与困难	

任务评价

任务	评价项目	评价内容	评价维度		备注
			自评	他评	
其他应收、应付款的核算	知识学习	1. 能正确地说出其他应收款的核算内容并能进行正确的账务处理（15分）			
		2. 能正确地说出其他应付款的核算内容并能进行正确的账务处理（15分）			
	技能训练	1. 能独立且正确地完成"小试牛刀"部分的练习（20分）			
		2. 能独立且正确地完成任务实施（20分）			
	素养提升	1. 按时上下课，并按要求完成课前作业及预习（10分）			
		2. 学习态度端正，积极参与课堂活动，工整、准确地记录笔记（10分）			
		3. 通过本任务的学习，树立诚信意识（10分）			
	合计				

素养课堂

万物互联、企业互联、账务互联——坚持系统观念

世界是一个整体，任何企业和个人都不是孤立存在的。企业在采购生产资料、加工生产、销售产成品等经济业务中，会与其他企业发生业务往来，而由于商业信用的产生，势必会产生应收、应付款项。同一项经济业务发生后，不同的会计主体计入不同的账户，这些账户也因此产生微妙的联系，例如，永旭公司向易达公司采购物资 10 000元，未付款，永旭公司计入应付账款10 000 元，而易达公司则计入应收账款10 000 元，两者金额相等。企业间可以利用往来账户的这种关系，定期对往来款项进行相互核对，以确保会计信息准确无误。

万物互联示意如图 2-5 所示。

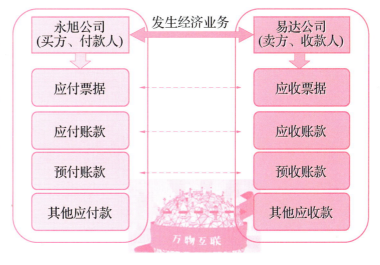

图 2-5　万物互联示意

【学原文】

党的二十大报告提出："必须坚持系统观念。万事万物是相互联系、相互依存的。只有用普遍联系的、全面系统的、发展变化的观点观察事物，才能把握事物发展规律。"

【悟原理】

根据万物互联的理论，任何一个专业的学习、任何一门课程的学习、任何一个知识点的学习都不是孤立的。它们一定会与其他专业、课程、知识点产生联系，因此在学习的过程中要坚持系统观念，全面系统地学习，这样才能形成扎实的知识积累和技能提升。

项目三

存货的账务处理

项目导读

俗语说：巧妇难为无米之炊。存货是企业在生产经营过程中为销售或耗用而储备的资产，包括库存中的、加工中的各种材料、燃料、包装物、产成品以及发出商品等。存货作为企业生产经营的重要组成部分，贯穿于企业运作的各个环节。本项目分别介绍原材料、周转材料、委托加工物资及库存商品的核算。

目标导学

三维目标

知识目标
- ❶ 能准确地说出实际成本法和计划成本法的区别
- ❷ 能正确地计算发出材料和结存材料的成本(实际成本法)
- ❸ 能正确地背诵原材料收、发业务的会计分录
- ❹ 能正确地背诵周转材料收、发业务的会计分录
- ❺ 能正确地背诵委托加工业务的会计分录
- ❻ 能正确地背诵库存商品收、发业务的会计分录
- ❼ 能正确地说出存货清查的处理流程并正确地背诵相关会计分录

技能目标
- ❶ 能独立进行原材料收、发业务的会计处理
- ❷ 能独立进行周转材料收、发业务的会计处理
- ❸ 能独立进行委托加工业务的会计处理
- ❹ 能独立进行库存商品收、发业务的会计处理
- ❺ 能独立进行存货清查并进行会计处理

素养目标
- ❶ 养成依法办事的意识，严格遵守会计职业道德
- ❷ 养成严谨认真、实事求是的工作态度
- ❸ 🚩 树立环保意识，坚持绿色发展

内容导览

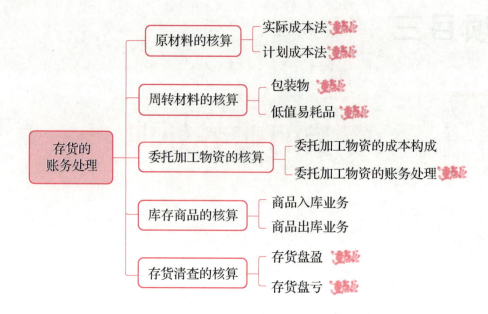

任务一 原材料的核算

任务描述

永旭公司按实际成本法核算原材料，1月1日A型电子零件的期初余额为6 000个，单位成本为3.5元/个。该公司发出A型电子零件采用先进先出法。永旭公司1月发生如下收发业务。

业务1：2日，向南远公司采购A型电子零件8 000个，单价为4元/个，收到增值税专用发票一张（税率为13%），货款以银行存款支付，A型电子零件已验收入库。

业务2：4日，生产产品领用A型电子零件2 000个。

业务3：12日，销售部领用A型电子零件500个。

业务4：20日，向红海公司采购A型电子零件5 000个，单价为4.2元/个，收到增值税专用发票一张（税率为13%），货款未支付，A型电子零件未发货。

业务5：21日，生产产品领用A型电子零件11 000个，车间一般消耗领用300个。

业务6：22日，以银行存款支付20日向红海公司采购的A型电子零件运费500元、增值税45元。

业务7：22日，向红海公司采购的A型电子零件验收入库。

业务8：25日，行政部领用A型电子零件700个，生产产品领用A型电子零件3000个。

业务9：28日，与南远公司签订合同，采购A型电子零件10000个，单价为4元/个。

业务10：31日，收到南远公司发来的A型电子零件，但未收到增值税专用发票。

请你完成永旭公司1月以上关于A型电子零件收发的所有会计处理。

任务解析

材料收、发业务是工业企业中非常典型的业务。企业购进材料时要办理入库业务，填写入库单，领用材料时要办理出库业务，填写出库单。实际工作中材料的日常收发核算有两种方法：实际成本法和计划成本法。同学们认真学习本任务，看看这两种方法有什么区别。

知识链接

原材料是指企业在生产过程中经过加工改变其形态或性质并构成产品主要实体的各种原料、主要材料和外购半成品，以及不构成产品实体但有助于产品形成的辅助材料。原材料具体包括原料及主要材料、辅助材料、外购半成品、修理用备件、包装材料、燃料等。

原材料的日常收发及结存可以按实际成本核算，也可以按计划成本核算。

一、实际成本法

实际成本法是指企业对各种材料的收、发、存均按实际成本核算，这种方法一般适用于规模较小、材料品种简单、收发业务不多的企业。

在实际成本法下材料的购进业务主要涉及的账户如表3-1所示。

表3-1　账户设置（实际成本法）

账户名称	在途物资	原材料
核算内容	企业购入尚未到达或尚未验收入库的各种材料的实际成本（入库前）	企业库存材料的实际成本（入库后）
账户性质	资产类（借增贷减）	资产类（借增贷减）
结构	借方登记购入材料的实际成本，贷方登记入库材料的实际成本，期末余额在借方，反映尚未入库材料的实际成本	借方登记入库材料的实际成本，贷方登记出库材料的实际成本，期末余额在借方，反映结存材料的实际成本

（一）材料购进业务

企业外购材料时，由于结算方式和采购地点不同，材料入库和货款的支付在时间上不一定完全同步，所以其账务处理也有所不同。

1. 发票、账单与材料同时到达的业务

发票、账单与材料同时到达的业务简称票到料到业务，是购货企业收到了销售方提供的增值税专用发票，也收到了材料并办理了验收入库的业务。由于材料已验收入库，所以借方根据材料的采购成本记入"原材料"账户，材料的采购成本包括买价、运杂费（运输费、装卸费、保险费、包装费、仓储费等费用），以及运输途中的合理损耗、入库前的挑选整理费用和按规定应记入成本的税费以及其他费用。常用会计分录如下。

借：原材料 （买价+运杂费等）

应交税费——应交增值税（进项税额）

贷：银行存款/应付账款/应付票据/其他货币资金

案例分析

【例 3-1】南阳公司购入生产用 F 材料一批，收到的增值税专用发票上注明价款为 10 000 元，增值税税额为 1 300 元。材料已验收入库，款项以转账支票支付。会计分录如下。

借：原材料——F 材料 10 000

应交税费——应交增值税（进项税额） 1 300

贷：银行存款 11 300

【例 3-2】南阳公司从丁公司购入 B 材料一批，增值税专用发票上注明价款为 60 000 元，增值税税额为 7 800 元。丁公司代垫运费 1 090 元（运费发票上注明运费为 1 000 元，增值税税额为 90 元），材料已验收入库，所有款项均未支付。会计处理如下。

材料采购成本＝60 000+1 000＝61 000（元）

借：原材料——B 材料 61 000

应交税费——应交增值税（进项税额） 7 890

贷：应付账款——丁公司 68 890

◇小试牛刀

（1）大正公司购入 C 材料一批，增值税专用发票上注明货款为 500 000 元，增值税税额为 65 000 元，另对方代垫包装费 1 000 元（不考虑增值税），全部款项已用转账支票付讫，材料已验收入库。

（2）大正公司采用汇兑结算方式购入 F 材料一批，发票及账单已收到，增值税专用发票上注明货款为 20 000 元，增值税税额为 2 600 元，另支付保险费 1 000 元（不考虑增值税），材料已验收入库。

（3）大正公司从 A 公司购进 A 材料一批，价款为 40 000 元，增值税税额为 5 200 元，大正公司向 A 公司签发商业汇票一张，面值为 45 200 元，材料已验收入库。

要求：根据以上业务编制大正公司会计分录。

2. 发票、账单先到而材料后到的业务

发票、账单先到而材料后到的业务简称票到料未到业务，是购货企业收到了销售方提供的增值税专用发票，但材料未运到的业务。由于材料未验收入库，所以收到发票时先计算确定材料的采购成本并记入"在途物资"账户借方，当材料收到时再转入"原材料"账户。常用会计分录如下。

（1）收到发票时。

借：在途物资　　　　　　　　　　　　　　　　　　　　　（买价+运杂费等）

　　应交税费——应交增值税（进项税额）

　　贷：银行存款/应付账款/应付票据/其他货币资金

（2）入库时。

借：原材料

　　贷：在途物资

案例分析

【例3-3】南阳公司购入F材料一批，增值税专用发票上注明价款为30 000元，增值税税额为3 900元。材料未到达，货款用银行存款支付。会计分录如下。

借：在途物资——F材料　　　　　　　　　　　　　　　　　30 000

　　应交税费——应交增值税（进项税额）　　　　　　　　　 3 900

　　贷：银行存款　　　　　　　　　　　　　　　　　　　　　33 900

【例3-4】用现金支付上述F材料运费654元（其中运费600元，增值税54元）。会计分录如下。

借：在途物资——F材料　　　　　　　　　　　　　　　　　　 600

　　应交税费——应交增值税（进项税额）　　　　　　　　　　 54

　　贷：库存现金　　　　　　　　　　　　　　　　　　　　　 654

【例3-5】F材料到达并验收入库。会计分录如下。

借：原材料—F材料　　　　　　　　　　　　　　　　　　　 30 600

　　贷：在途物资—F材料　　　　　　　　　　　　　　　　　30 600

◇小试牛刀

大正公司发生如下经济业务。

（1）购入C材料一批，增值税专用发票上注明货款为800 000元，增值税税额为104 000元，另发生保险费1 000元（不考虑增值税），全部款项已用转账支票付讫，材料未到达。

（2）4 天后，上述 C 材料到达并验收入库。

要求：根据以上业务编制大正公司会计分录。

3. 材料已到但发票、账单未到的业务

材料已到但发票、账单未到的业务简称料到票未到业务，是购买方已经收到材料但未收到相关发票的业务。企业收到材料时，由于没有发票，所以无法确定材料的采购成本，因此先办理临时入库业务，但不做账。如果月底前收到发票，则依据发票金额进行票到料到业务的会计处理；如果月底仍然没有收到发票，则需进行暂估入库处理，会计处理流程及常用会计分录如下。

（1）收到材料时，入库但不做账。

（2）月底仍未收到发票，暂估入库。

借：原材料　　　　　　　　　　　　　　　　　　　　（暂估价）

　　贷：应付账款——暂估应付款

（3）下月初红字冲销。

借：原材料　　　　　　　　　　　　　　　　　　　　（暂估价）

　　贷：应付账款——暂估应付款

（4）收到发票时。

借：原材料　　　　　　　　　　　　　　　　　　（买价+运杂费等）

　　应交税费——应交增值税（进项税额）

　　贷：银行存款/应付账款/应付票据/其他货币资金

案例分析

【例 3-6】 1 月 14 日，南阳公司购入 H 材料一批，材料已验收入库，发票、账单尚未收到。

材料已到但发票、账单未到，南阳公司暂将材料入库，但不作会计处理。

【例 3-7】 1 月 28 日，上例中的 H 材料的发票、账单仍未收到，该批材料暂估成本为30 000 元。会计分录如下。

借：原材料——H 材料　　　　　　　　　　　　　　　　30 000

　　贷：应付账款——暂估应付款　　　　　　　　　　　　　　30 000

2 月 1 日，编制红字冲销凭证，将原暂估凭证冲销：

借：原材料　　　　　　　　　　　　　　　　　　　　　30 000

　　贷：应付账款——暂估应付款　　　　　　　　　　　　　　30 000

【例3-8】2月5日，收到上述H材料增值税专用发票，价款为32 000元，增值税税额为4 160元，款项以银行存款支付。会计分录如下。

料到票未到业务

> 借：原材料——H材料　　　　　　　　　　　　　32 000
> 　　应交税费——应交增值税（进项税额）　　　　　4 160
> 　　贷：银行存款　　　　　　　　　　　　　　　　　　　36 160

若下个月月末发票、账单仍未收到，则再编制例3-7所示的暂估凭证，下下个月月初继续冲销，直到收到发票、账单。

◇**小试牛刀**

大正公司发生如下业务。

（1）1月4日，购入B材料一批，材料已到达并验收入库，但发票、账单未到。

（2）1月31日，B材料的发票、账单仍未收到，暂估价为50 000元。

（3）2月5日，B材料的发票、账单到达，价款为31 000元，增值税税额为4 030元，货款尚未支付。

要求：根据以上业务编制大正公司会计分录。

（二）材料发出业务

材料验收入库后，企业在生产经营过程中如果需要领用材料，则需要填写领料单（出库单），会计人员则需要根据领料单（出库单）上的用途和金额记账。

1. 计算发出材料成本

由于过多的材料储存量会占用大量资金及仓库容量，所以企业一般不会一次性采购全部所需材料，而是会分不同批次购进。不同批次购进的材料单位成本可能不一样，企业领用材料时需要采用确定的方法计算材料成本，以确保会计核算遵循一致性要求，这些方法就是材料发出的计价方法，又称为存货发出的计价方法，包括先进先出法、月末一次加权平均法、个别计价法和移动加权平均法4种。本任务重点讲授先进先出法和月末一次加权平均法。

1）先进先出法

先进先出法是指根据先入库先发出的原则，对于发出的材料以先入库材料的单价计算发出材料成本的方法。这种方法假定"先入库的材料先发出"，根据这一前提发出材料的成本应按照入库材料批次的单位成本次序计算，先发出最先入库的材料，等前一次入库的材料发完后再发出后一次入库的材料。

案例分析

【例3-9】南阳公司期初结存D材料150件，单价为10元/件。本月购进3批：5日购进

100 件，单价为 12 元/件；16 日购进 200 件，单价为 14 元/件；23 日购进 100 件，单价为 15 元/件。本月发出材料 3 批：11 日发出 200 件，20 日发出 100 件，27 日发出 100 件。采用先进先出法计算发出 D 材料的成本如下。

11 日发出 D 材料成本 = 150×10+50×12 = 2 100（元）

20 日发出 D 材料成本 = 50×12+50×14 = 1 300（元）

27 日发出 D 材料成本 = 100×14 = 1 400（元）

当月发出 D 材料的总成本 = 2 100+1 300+1 400 = 4 800（元）

当月结存 D 材料成本 = 50×14+100×15 = 2 200（元）

采用先进先出法可以随时计算材料发出成本和结存成本，且材料的期末结存成本比较接近现行的市场价值。其缺点是如果材料收发业务较频繁，购入单价不稳定，则计价工作比较繁琐，核算工作量较大。因此，这种方法适用于材料种类少、采购量较大、采购批次较少的企业。

◇小试牛刀

大正公司 1 月材料的收发业务如下：1 月 1 日期初余额为 5 000 件，单价为 4.00 元；1 月 4 日购入 3 000 件，单价为 4.20 元；1 月 15 日发出 6 000 件；1 月 18 日购入 4 000 件，单价为 4.40 元；1 月 20 日发出 3 000 件；1 月 26 日发出 2 000 件。

要求：采用先进先出法计算大正公司本月发出材料和结存材料的成本。

2）月末一次加权平均法

月末一次加权平均法是指根据本期期初结存材料的数量和金额与本期收入材料的数量和金额，在期末一次计算本期材料的加权平均单价，作为本期发出材料和期末结存材料的单位成本，一次性计算本期发出材料的实际成本。其计算公式如下：

$$加权平均单价 = \frac{期初结存材料成本+本期购入材料成本}{期初结存材料数量+本期购入材料数量}$$

$$= \frac{期初结存材料数量×单价+本期购入材料数量×单价}{期初结存材料数量+本期购入材料数量}$$

本期结存材料成本 = 本期结存材料数量×加权平均单价

本期发出材料成本 = 期初结存材料成本+本期购入材料成本−本期结存材料成本

案例分析

【例 3-10】如例 3-9 所示，南阳公司 D 材料采用月末一次加权平均法核算：

月初结存材料成本 = 150×10 = 1 500（元）

本月购入材料成本 = 100×12+200×14+100×15 = 5 500（元）

$$加权平均单价 = \frac{1\ 500+5\ 500}{150+400} ≈ 12.73（元）$$

本月结存材料成本 = 150×12.73 = 1 909.5（元）

本月发出材料成本＝1 500+5 500−1 909.5＝5 090.5（元）

这种方法的优点是平时登账时只记发出的数量而不记单价及金额，方法简单且核算工作量小。其缺点在于发出材料成本只能在月末计算出来，因此平时结存只知道数量，不能确定金额，无法随时了解材料资金的占用情况。

◇**小试牛刀**

大正公司1月材料的收发业务如下：1月1日期初余额为5 000件，单价为4.00元；1月4日购入3 000件，单价为4.20元；1月15日发出6 000件；1月18日购入4 000件，单价为4.40元；1月20日发出3 000件；1月26日发出2 000件。

要求：计算1月材料的加权平均单价、本月发出材料和结存材料的成本。

3）个别计价法

个别计价法也称为个别认定法，采用这一方法时假设材料具体项目的实物流转与成本流转一致，按照各种材料逐一辨认各批发出材料和期末材料所属的购进批别或生产批别，分别按其购入或生产时所确定的单位成本计算各批发出材料和期末结存材料成本。

这种方法适用于一般不能替代使用的材料、为特定项目专门购入或制造的材料以及能够明显区分的大件贵重商品，如珠宝、名画等贵重物品。

4）移动加权平均法

移动加权平均法是指企业每次入库均要计算新的平均单位成本，并以新的平均单位成本确定发出或者结存材料成本的计价方法。

移动加权平均法的计算公式如下：

移动加权平均单价＝（本次购入前结存材料成本+本次购入材料成本）÷（本次购入前结存材料数量+本次购入材料数量）

用移动加权平均法计算出来的材料成本比较均衡准确，但由于计算工作量大，一般适用于经营品种不多或者前后购进材料的单价相差幅度较大的商品流通类企业。

2. 材料发出的会计核算

计算确定了发出材料成本之后，会计人员要根据领料单（出库单）上的金额和用途进行会计处理。会计分录如下。

借：生产成本　　　　　　　　　　　　　　　　（生产产品领用）

　　制造费用　　　　　　　　　　　　　　　　（车间一般消耗领用）

　　管理费用　　　　　　　　　　　　　　　　（行政部门领用）

　　销售费用　　　　　　　　　　　　　　　　（销售部门领用）

　　在建工程　　　　　　　　　　　　　　　　（工程领用）

　　研发支出　　　　　　　　　　　　　　　　（无形资产研发领用）

　　其他业务成本　　　　　　　　　　　　　　（销售材料）

　　贷：原材料

案例分析

【例3-11】南阳公司根据发料凭证汇总表的记录，1月生产产品领用F材料500 000元，车间管理部门领用F材料5 000元，企业行政管理部门领用F材料4 000元，共计509 000元。南阳公司应编制如下会计分录。

借：生产成本　　　　　　　　　　　　　　　　　　　　500 000
　　制造费用　　　　　　　　　　　　　　　　　　　　　　5 000
　　管理费用　　　　　　　　　　　　　　　　　　　　　　4 000
　　贷：原材料——F材料　　　　　　　　　　　　　　　　509 000

◇小试牛刀

大正公司2024年1月发出材料汇总表如表3-2所示。

表3-2　发出材料汇总表

2024年1月31日　　　　　　　　　　　　　　　　　　　单位：元

用途	B材料	C材料
生产甲产品	80 000	40 000
生产乙产品	60 000	50 000
车间一般消耗	2 000	
厂部		5 000
销售部门	1 000	
合计	143 000	95 000

要求：编制大正公司发出材料的会计分录。

二、计划成本法

原材料按计划成本法核算是指原材料的日常收、发、存核算均按计划成本计算，计划成本是企业事先依据以往的经验数据制定的。企业需设置"材料成本差异"账户，作为计划成本和实际成本联系的纽带，用来登记实际成本和计划成本的差额。在计划成本法下应设置的账户如表3-3所示。

表3-3　账户设置（计划成本法）

账户名称	材料采购	原材料	材料成本差异
核算内容	企业购入各种材料的实际成本（入库前）	企业库存材料的计划成本（入库后）	材料实际成本和计划成本的差额
账户性质	资产类（借增贷减）	资产类（借增贷减）	资产类（借超贷节）
结构	借方登记购入材料的实际成本，贷方登记入库材料的实际成本，期末余额在借方，反映尚未入库材料的实际成本	借方登记入库材料的计划成本，贷方登记出库材料的计划成本，期末余额在借方，反映结存材料的计划成本	借方登记超支差异以及月末结转的节约差异；贷方登记节约差异以及月末结转的超支差异；若期末余额在借方则为超支差异，若期末余额在贷方则为节约差异

（一）材料购进业务

取得材料时，按材料的实际取得成本记入"材料采购"账户的借方，入库时则按材料计划成本填写入库单，并记入"原材料"账户的借方，同时以实际成本与计划成本的差额作为"材料成本差异"进行登记。会计分录如下。

（1）购进材料时。

借：材料采购　　　　　　　　　　　　　　　（实际成本）

　　应交税费——应交增值税　　　　　　　　（进项税额）

　　　贷：银行存款/应付账款/应付票据等

（2）材料入库时。

借：原材料　　　　　　　　　　　　　　　　（计划成本）

　　材料成本差异　　　　　　　　　　　　　（超支额）

　　　贷：材料采购　　　　　　　　　　　　（实际成本）

　　　　　材料成本差异　　　　　　　　　　（节约额）

案例分析

【例3-12】南阳公司购入L材料一批，增值税专用发票上记载的货款为3 000 000元，增值税税额为390 000元，发票、账单已收到，计划成本为3 200 000元，材料已验收入库，全部款项以银行存款支付。南阳公司应编制如下会计分录。

（1）购进时。

借：材料采购　　　　　　　　　　　　　　　　　　　　　　　3 000 000

　　应交税费——应交增值税（进项税额）　　　　　　　　　　　 390 000

　　　贷：银行存款　　　　　　　　　　　　　　　　　　　　　　　3 390 000

（2）入库时。

借：原材料——L 材料　　　　　　　　　　　　　　　　　　　　3 200 000
　　贷：材料采购　　　　　　　　　　　　　　　　　　　　　　　　3 000 000
　　　　材料成本差异　　　　　　　　　　　　　　　　　　　　　　　200 000

◇小试牛刀

　　大正公司发生如下业务。

　　（1）1月3日，从华光公司购入 B 材料一批，增值税专用发票上注明价款为 10 000 元，增值税税额为 1 300 元，款项尚未支付。用现金支付运杂费 500 元（不考虑增值税），材料已验收入库。已知 B 材料的计划成本为 11 000 元。

　　（2）1月9日，采用汇兑结算方式购入 M1 材料一批，增值税专用发票上注明价款为 200 000 元，增值税税额为 26 000 元，发票、账单已收到，计划成本为 180 000 元，材料尚未验收入库，款项已用银行存款支付。

　　（3）1月19日，购入 M3 材料一批，材料已验收入库。月末发票、账单仍未收到，按照计划成本 600 000 元估价入账。

　　（4）1月29日，购入的 M1 材料到达并验收入库。

　　要求：编制大正公司会计分录。

（二）材料发出业务

　　企业领用材料时按计划成本贷记"原材料"账户，根据用途借记各成本、费用类账户，会计分录如下。

借：生产成本/制造费用/管理费用等（计划成本）
　　贷：原材料

案例分析

　　【例3-13】南阳公司1月生产产品领用 L 材料的计划成本为 350 000 元，车间管理部门领用 L 材料的计划成本为 15 000 元，企业行政管理部门领用 L 材料的计划成本为 34 000 元，共计 399 000 元。南阳公司应编制如下会计分录。

借：生产成本　　　　　　　　　　　　　　　　　　　　　　　　350 000
　　制造费用　　　　　　　　　　　　　　　　　　　　　　　　　15 000
　　管理费用　　　　　　　　　　　　　　　　　　　　　　　　　34 000
　　贷：原材料——L 材料　　　　　　　　　　　　　　　　　　　399 000

◇小试牛刀

　　大正公司共发出 M1 材料 4 600 件，单位计划成本为 3.5 元。用途如下：生产产品领用 2 500 件，车间消耗领用 1 000 件，企业行政管理部门领用 500 件，销售部门领用 600 件。

　　要求：编制大正公司发出材料的会计分录。

（三）月末处理

1. 材料成本差异率的计算

在计划成本法下，原材料的发出按其计划成本进行结转，期末要根据"材料成本差异"明细账计算本期的材料成本差异率，将本期发出材料的计划成本调整为实际成本，发出材料应负担的成本差异应按期（月）分摊，不得在季末或年末一次计算。计算公式如下：

$$材料成本差异率 = \frac{期初结存材料的成本差异 + 本期购入材料产生的成本差异}{期初结存材料的计划成本 + 本期购入材料的计划成本} \times 100\%$$

$$发出材料应负担的材料成本差异 = 发出材料的计划成本 \times 材料成本差异率$$

$$发出材料的实际成本 = 发出材料的计划成本 + 发出材料应负担的材料成本差异$$

由于"材料成本差异"账户的余额既可能在借方，也可能在贷方，所以在计算时借方余额为正数，贷方余额为负数，计算所得材料成本差异率若为正数则表示总体为超支差异；相反，则表示总体为节约差异。

▌案例分析

【例3-14】南阳公司月初"原材料"账户借方余额为24 000元，本月收入原材料的计划成本为176 000元，本月发出原材料的计划成本为150 000元，"材料成本差异"账户月初贷方余额为300元，本月收入材料的超支差异为4 300元。南阳公司该月材料成本差异率和发出材料应负担的材料成本差异如下：

$$当月材料成本差异率 = \frac{-300 + 4\ 300}{24\ 000 + 176\ 000} \times 100\% = 2\%$$

$$本月发出材料应负担的材料成本差异 = 150\ 000 \times 2\% = 3\ 000（元）$$

$$本月发出材料的实际成本 = 150\ 000 + 3\ 000 = 153\ 000（元）$$

◇小试牛刀

大正公司对材料按计划成本核算。1月1日，结存材料的计划成本为3 000元，"材料成本差异"账户贷方余额为160元；本月入库材料的计划成本为14 100元，"材料成本差异"账户贷方发生额为100元；本月发出材料的计划成本为16 100元。

要求：计算大正公司1月末的材料成本差异率和发出材料的实际成本。

2. 分摊（结转）发出材料的成本差异

月末通过结转发出材料的成本差异，可以实现将计划成本调整成实际成本的目的。若材料成本差异率为正数，则借方为相关成本费用类账户，贷方为"材料成本差异"账户，金额为"发出材料的计划成本×材料成本差异率"的计算结果；若材料成本差异率为负数，则会计分录的借、贷方账户同上，但金额为红字。会计分录如下。

借：生产成本/制造费用/管理费用等（计划成本×材料成本差异率）

贷：材料成本差异

案例分析

【例 3-15】 根据例 3-13 和例 3-14 的资料，南阳公司月末分摊发出 L 材料应负担的材料成本差异所作会计分录如下。

借：生产成本   7 000

  制造费用   300

  管理费用   680

 贷：材料成本差异   7 980

南阳公司本月发出 L 材料的实际成本 = 399 000+7 980 = 406 980（元）。

◇小试牛刀

根据前述"小试牛刀"的内容，对大正公司发出材料应负担的材料成本差异进行分摊。

存货采用计划成本法核算，不但有利于简化财务会计处理工作，而且有利于考核采购部门的经营业绩，有助于企业降低采购成本、节约支出，因此，这一计价方法在大中型制造企业中应用较为广泛。

任务实施

请你根据所学知识完成任务描述中永旭公司的会计处理。

序号	会计分录	序号	会计分录
1		6	
2		7	
3		8	
4		9	
5		10	

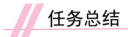 **任务总结**

请对本次工作任务实施过程进行总结。

收获与成长	
问题与困难	

任务评价

任务	评价项目	评价内容	评价维度		备注
			自评	他评	
原材料的核算	知识学习	1. 能准确地计算实际成本法下材料发出的成本（10分）			
		2. 能准确地背诵实际成本法下原材料收、发业务的会计分录（10分）			
		3. 能准确地背诵计划成本法下原材料收、发业务的会计分录（10分）			
	技能训练	1. 能独立且正确地完成"小试牛刀"部分的练习（20分）			
		2. 能独立且正确地完成任务实施（20分）			
	素养提升	1. 按时上下课，并按要求完成课前作业及预习（10分）			
		2. 学习态度端正，积极参与课堂活动，工整、准确地记录笔记（10分）			
		3. 明确会计核算要遵循可比性原则，不得随意变更材料发出的计价方法，做到知法守法（10分）			
	合计				

任务二　周转材料的核算

永旭公司发生如下业务。

业务1：购进纸箱一批，取得增值税专用发票一张，价款为20 000元，增值税税额为2 600元，以银行存款支付。

业务2：生产领用纸箱一批，成本为4 000元。

业务3：车间购进钳子一批，数量为200个，价款为4 000元，增值税税额为520元，以银行存款支付。

业务4：车间领用钳子50个，成本为1 000元。

业务5：报废一批钳子，原成本为2 300元。

业务6：将报废的钳子变价出售，售价为150元，收到现金。

永旭公司低值易耗品采用五五摊销法，包装物采用一次摊销法。请完成以上业务的会计处理。

包装物和低值易耗品属于企业的周转材料，周转材料的核算与原材料的核算有什么区别呢？请同学们结合本任务的学习来帮助永旭公司的会计完成会计处理。

知识链接

周转材料是指企业能够多次使用，逐渐转移其价值但仍保持其原有形态，不确认为固定资产的材料，如一般企业的包装物、低值易耗品以及其他周转材料。周转材料有以下特点。

（1）周转材料的本质属性是材料。

（2）周转材料能够多次使用。

（3）周转材料的价值逐渐转移。

（4）周转材料在使用过程中保持原有形态。

（5）周转材料不能确认为固定资产。

一、包装物

包装物是企业为包装产品、商品而储备的各种包装容器，如桶、箱、瓶、坛、袋等。

（一）包装物的核算内容

工业企业的包装物主要包括以下内容。

（1）生产经营过程中用于包装产品并作为产品组成部分的包装物。

（2）随同产品出售而不单独计价的包装物。

（3）随同产品出售且单独计价的包装物。

（4）出租或出借给购买单位使用的包装物。

（二）包装物的账务处理

为了核算包装物的增减变动及其价值损耗、结存等情况，企业应设置"周转材料——包装物"账户。该账户为资产类账户，借方登记购入包装物时的实际（或计划）成本，贷方登记包装物的摊销或领用时转出的成本，期末余额在借方，反映结存包装物的实际（或计划）成本。

1. 购进包装物

企业外购包装物时的常用会计分录如下。

借：周转材料——包装物

　　应交税费——应交增值税（进项税额）

　　贷：银行存款等

案例分析

【例3-16】1月17日，南阳公司购进一批木箱，价值为50 000元，增值税税率为13%，按实际成本计价，货款未支付，木箱已验收入库。会计分录如下。

借：周转材料——包装物（木箱）　　　　　　　　　　　　　50 000

　　应交税费——应交增值税（进项税额）　　　　　　　　　 6 500

　　贷：应付账款　　　　　　　　　　　　　　　　　　　　56 500

2. 生产领用包装物

生产领用包装物时，如果包装物构成产品实体，则按其实际成本记入"生产成本"账户；如果包装物不构成产品实体，则记入"制造费用"账户。会计分录如下。

借：生产成本/制造费用

　　贷：周转材料——包装物

案例分析

【例3-17】南阳公司车间生产领用木箱一批，成本为30 000元。会计分录如下。

借：生产成本　　　　　　　　　　　　　　　　　　　　　　30 000

　　贷：周转材料——包装物（木箱）　　　　　　　　　　　　30 000

3. 随同商品出售但不单独计价的包装物

随同商品出售但不单独计价的包装物，在领用时按其实际成本记入"销售费用"账户。会计分录如下。

借：销售费用
　　贷：周转材料——包装物

销售环节领用包装物

案例分析

【例3-18】 南阳公司销售部门领用木箱一批，成本为2 500元（不单独计价）。会计分录如下。

借：销售费用　　　　　　　　　　　　　　　　　　　　　　　2 500
　　贷：周转材料——包装物（木箱）　　　　　　　　　　　　　　2 500

4. 随同商品出售且单独计价的包装物

随同商品出售且单独计价的包装物应视同将其出售，于销售时确认收入，领用时结转成本。会计分录如下。

（1）取得销售收入时。

借：银行存款
　　贷：其他业务收入
　　　　应交税费——应交增值税（销项税额）

（2）出库时。

借：其他业务成本
　　贷：周转材料——包装物

案例分析

【例3-19】 南阳公司销售领用一批纸箱，开出增值税专用发票一张，价款为4 000元，增值税税额为520元，收到支票一张。已知该批包装物的成本为3 000元。会计分录如下。

借：银行存款　　　　　　　　　　　　　　　　　　　　　　　4 520
　　贷：其他业务收入　　　　　　　　　　　　　　　　　　　　4 000
　　　　应交税费——应交增值税（销项税额）　　　　　　　　　　520
借：其他业务成本　　　　　　　　　　　　　　　　　　　　　3 000
　　贷：周转材料——包装物（纸箱）　　　　　　　　　　　　　　3 000

◇**小试牛刀**

大正公司发生如下业务。

（1）1月12日，生产领用200套包装盒，单位成本为23元。

（2）1月12日，销售领用一批购物袋，开出增值税专用发票一张，价款为6 200元，增值税税额为806元，成本为3 800元。货款已收到并存入银行。

（3）1月20日，销售领用一批包装箱，不单独计价，成本为4 000元。

要求：根据以上业务编制大正公司会计分录。

◇**学习随想**

请同学们思考：如何判断随同产品出售的包装物是否单独计价？

5. 出租包装物

出租包装物是指企业在销售商品时将包装物出租给购买方暂时使用的一项业务。出租包装物核算主要包括收取押金、收取租金、包装物报废以及退回押金等内容。常用会计分录如下。

（1）收取租金时。

借：银行存款

　　贷：其他业务收入

　　　　应交税费——应交增值税（销项税额）

（2）收取押金时。

借：银行存款

　　贷：其他应付款

（3）出租包装物报废时。

借：其他业务成本

　　贷：周转材料——包装物

借：原材料/银行存款（变价收入或残料）

　　贷：其他业务成本

案例分析

【例3-20】南阳公司出租木箱一批，收取租金4 000元、增值税520元、押金20 000元并存入银行。会计分录如下。

借：银行存款　　　　　　　　　　　　　　　　　　　　　　　　24 520

　　贷：其他业务收入　　　　　　　　　　　　　　　　　　　　　4 000

　　　　应交税费——应交增值税（销项税额）　　　　　　　　　　　520

　　　　其他应付款　　　　　　　　　　　　　　　　　　　　　20 000

【例3-21】 南阳公司出租的木箱到期如数收回，退还全部押金。会计分录如下。

借：其他应付款 20 000

  贷：银行存款 20 000

【例3-22】 出租用木箱成本为18 000元，木箱最终报废时，会计分录如下。

借：其他业务成本 18 000

  贷：周转材料——包装物（木箱） 18 000

6. 出借包装物

出借包装物是指企业在销售商品时将包装物无偿提供给购买方暂时使用的一项业务。由于出借包装物与商品销售相关，且是无偿使用，所以将其出借过程中的支出及报废损失记入销售费用。会计分录如下。

借：销售费用

  贷：周转材料——包装物   （报废成本）

    银行存款   （出借过程中发生的支出）

出借的包装物报废时，若有变价收入或残料入库，则借记"银行存款""原材料"等账户，贷记"销售费用"账户；若无变价收入或残料入库，则无须进行会计处理。

◇**小试牛刀**

大正公司发生如下业务。

（1）出租一批木桶，收到押金1 800元（现金）。

（2）收到本月出租包装物木桶的租金500元、增值税65元，以现金收取。

（3）租期结束，收回包装物，以现金退还1 800元押金。

（4）出借一批木箱，收到押金2 400元（现金）。

（5）在包装物出借过程中以现金支付修理费200元。

（6）报废一批出租、出借的木箱，出租木箱的成本为1 700元，出借木箱的成本为2 200元，假设采用一次摊销法。

（7）出租包装物报废时回收残料200元，入原材料库；出借包装物报废时收取变价收入100元（现金）。

要求：根据以上业务编制大正公司会计分录。

二、低值易耗品

低值易耗品是指单位价值较低、使用时间较短、不能作为固定资产核算的各种工具物品，包括各种工具、器具、管理用具、玻璃器皿等。低值易耗品与固定资产都是劳动资料，有相同的性质，如在物质上本身都不形成产品实体、在使用中价值逐渐损耗、多次使用不改变其

实物形态、在使用时也需维修、报废时可能有残值等。但从划分标准看，低值易耗品是价值低、使用期限短、易损坏的物品，因此低值易耗品作为存货核算，是流动资产；而固定资产则价值高、使用期限较长，是非流动资产。

为了反映低值易耗品的增减变动及期末结存情况，应设置"周转材料——低值易耗品"账户进行核算，企业购入、自制、委托加工收回的低值易耗品应登记在该账户的借方，企业生产车间、行政管理等部门领用的低值易耗品应登记在该账户的贷方，期末余额在借方，反映期末结存低值易耗品的成本。

（一）购入低值易耗品时

企业购入低值易耗品的会计处理同购进原材料的会计处理，根据取得的相关发票确定采购成本，记入"周转材料"账户借方。会计分录如下。

借：周转材料——低值易耗品
　　应交税费——应交增值税（进项税额）
　　贷：银行存款等

案例分析

【例3-23】南阳公司购入一批工具，价值为800元，增值税税额为104元，以银行存款支付。会计分录如下。

借：周转材料——低值易耗品　　　　　　　　　　　　　　　　800
　　应交税费——应交增值税（进项税额）　　　　　　　　　104
　　贷：银行存款　　　　　　　　　　　　　　　　　　　　　　　904

（二）发出低值易耗品时

低值易耗品的摊销如同固定资产计提折旧、无形资产摊销一样，是将其成本转移记入各项成本、费用的过程。发出低值易耗品的过程要伴随低值易耗品的摊销，其摊销方法有一次摊销法和五五摊销法两种。

1. 一次摊销法

一次摊销法是将低值易耗品的成本一次性记入相关成本费用的方法，会计分录如下。

借：制造费用/管理费用
　　贷：周转材料——低值易耗品

案例分析

【例3-24】南阳公司采用一次摊销法对低值易耗品进行核算。企业车间维护领用低值易耗品一批，价值为2 000元。会计分录如下。

借：制造费用 2 000

　　贷：周转材料——低值易耗品 2 000

【例 3-25】承例 3-24，3 个月后，上批低值易耗品报废，收回残料价值为 120 元，入原料库。会计分录如下。

借：原材料 120

　　贷：制造费用 120

2. 五五摊销法

五五摊销法是指在领用低值易耗品时先将其原值的 50% 直接记入当期成本、费用，在报废时再将其原值的另 50% 记入成本、费用的摊销方法。五五摊销法工作量比较大，通常适用于每期领用数量和报废数量比较均衡、各期摊销额相差不多的低值易耗品。

采用五五摊销法核算时，在二级账户下需要单独设置"周转材料——低值易耗品（在用）""周转材料——低值易耗品（在库）""周转材料——低值易耗品（摊销）"三个明细账户。会计分录如下。

（1）领用时。

借：周转材料——低值易耗品（在用）

　　贷：周转材料——低值易耗品（在库）

（2）同时摊销 50% 时。

借：制造费用/管理费用

　　贷：周转材料——低值易耗品（摊销）

（3）报废时摊销剩余的 50% 时。

借：制造费用/管理费用

　　贷：周转材料—低值易耗品（摊销）

借：周转材料——低值易耗品（摊销）

　　贷：周转材料——低值易耗品（在用）

（4）收回残料冲减费用时。

借：原材料

　　贷：制造费用/管理费用

案例分析

【例 3-26】1 月 16 日，南阳公司行政管理部门领用一批工具，成本为 50 000 元。采用五五摊销法进行核算。该批工具于 9 月 3 日报废，收到残料价值为 400 元。南阳公司应编制会计分录如下。

（1）初次领用时，由在库低值易耗品转入在用，同时摊销成本的 50%。

借：周转材料—低值易耗品（在用）　　　　　　　　　　　50 000

　　贷：周转材料—低值易耗品（在库）　　　　　　　　　　　　　50 000

借：管理费用　　　　　　　　　　　　　　　　　　　　　25 000

　　贷：周转材料—低值易耗品（摊销）　　　　　　　　　　　　　25 000

（2）报废时摊销剩余的 50%，并确认残料价值。

借：管理费用　　　　　　　　　　　　　　　　　　　　　25 000

　　贷：周转材料—低值易耗品（摊销）　　　　　　　　　　　　　25 000

借：原材料　　　　　　　　　　　　　　　　　　　　　　　400

　　贷：管理费用　　　　　　　　　　　　　　　　　　　　　　　　400

借：周转材料—低值易耗品（摊销）　　　　　　　　　　　50 000

　　贷：周转材料—低值易耗品（在用）　　　　　　　　　　　　　50 000

◇小试牛刀

大正公司发生如下业务。

1 月 2 日，购入低值易耗品一批，价款为 1 000 元，增值税税额为 130 元，另以现金支付运杂费 200 元（不考虑增值税），货款尚未支付，该批低值易耗品已验收入库。采用五五摊销法核算。1 月 11 日，大正公司车间领用低值易耗品一批，价值为 1 200 元。5 个月后，该批低值易耗品报废，残料变价收入 80 元，收到现金。

要求：根据以上业务编制大正公司会计分录。

任务实施

请你根据所学知识完成任务描述中永旭公司的会计处理。

序号	会计分录	序号	会计分录
1		4	
2		5	
3		6	

任务总结

请对本次工作任务实施过程进行总结。

收获与成长	
问题与困难	

任务评价

任务	评价项目	评价内容	评价维度		备注
			自评	他评	
周转材料的核算	知识学习	1. 能准确地说出一次摊销法和五五摊销法的区别并进行正确的会计处理（10分）			
		2. 能准确地区分随同产品出售单独计价和不单独计价包装物的区别并能正确进行会计处理（10分）			
		3. 能准确地说出出租和出借包装物的区别并能正确地进行会计处理（10分）			
	技能训练	1. 能独立且正确地完成"小试牛刀"部分的练习（20分）			
		2. 能独立且正确地完成任务实施（20分）			
	素养提升	1. 按时上下课，并按要求完成课前作业及预习（10分）			
		2. 学习态度端正，积极参与课堂活动，工整、准确地记录笔记（10分）			
		3. 通过学习包装物的会计处理，树立环保意识，坚持绿色发展（10分）			
	合计				

任务三　委托加工物资的核算

任务描述

永旭公司发出金属材料一批，委托红宇公司加工成金属零件，收回后直接销售。发出材料的实际成本为 73 000 元；以银行存款支付红宇公司加工费 13 000 元、增值税 1 690 元；10 天后，加工完成，永旭公司以银行存款支付运费 650 元，增值税 58.5 元，将金属零件收回并验收入库。

要求：计算委托加工物资的成本并编制会计分录。

任务解析

永旭公司发出金属材料，委托红宇公司加工成金属零件，这属于委托加工业务。企业委托加工的材料和商品属于委托加工物资。本任务介绍委托加工业务的会计处理，请同学们通过本任务的学习来帮助永旭公司完成会计处理。

知识链接

委托加工物资是指企业委托外单位加工的各种材料、商品、包装物、低值易耗品等物资。委托加工业务是指由委托方提供原料及主要材料，受托方按委托方的要求制造货物并收取加工费的业务。

一、委托加工物资的成本构成

企业委托外单位加工物资的成本包括加工中实际耗用物资的成本以及支付的加工费、运杂费、相关税费等。需要缴纳消费税的委托加工物资，加工物资收回后直接用于销售的，由受托方代收代缴的消费税应记入加工物资成本；如果收回的加工物资用于继续加工应税消费品，则由受托方代收代缴的消费税应先记入"应交税费——应交消费税"账户的借方，按规定用以抵扣加工的消费品销售时所负担的消费税。

委托加工应税消费品的消费税处理

◇小试牛刀

（1）某一般纳税人委托加工物资时，下列各项应记入委托加工物资成本的有（　　　）。

A. 委托加工物资耗用材料的实际成本

B. 支付加工费时应缴纳的增值税

C. 收回后直接销售的委托加工物资被代扣代缴的消费税

D. 收回后连续加工应税消费品的委托加工物资被代扣代缴的消费税

（2）甲、乙两公司均为增值税一般纳税人，甲公司委托乙公司加工一批应交消费税的半成品，收回后用于连续生产应税消费品。甲公司发出原材料实际成本为 210 万元，支付加工费 6 万元，增值税税额为 0.78 万元，消费税税额为 24 万元。假设不考虑其他相关税费，甲公司收回该半成品的入账价值为（　　）万元。

A. 216　　　　　　B. 216.78　　　　　　C. 240　　　　　　D. 240.78

（3）甲、乙两公司均为增值税一般纳税人，甲公司委托乙公司加工一批应交消费税的商品，收回后直接出售。甲公司发出原材料实际成本为 210 万元，支付加工费 6 万元，增值税税额为 0.78 万元，消费税税额为 24 万元。假设不考虑其他相关税费，甲公司收回该商品的入账价值为（　　）万元。

A. 216　　　　　　B. 216.78　　　　　　C. 240　　　　　　D. 240.78

二、委托加工物资的账务处理

为了反映和监督委托加工物资增减变动及其结存情况，企业应当设置"委托加工物资"账户。该账户用于核算企业委托外单位加工的各种材料等物资的实际成本，借方登记委托加工过程的各项支出，如发出材料的成本，支付的加工费、运杂费、税费等，贷方登记加工完成验收入库时转出的成本，期末余额在借方，反映尚未完成的加工物资成本。

（一）发出材料

企业向委托方发出材料时，根据发出材料的实际成本借记"委托加工物资"账户，贷记"原材料"账户。会计分录如下。

借：委托加工物资
　　贷：原材料

案例分析

【例 3-27】 南阳公司委托某公司加工 A 材料一批，发出 A 材料成本为 60 000 元。会计分录如下。

借：委托加工物资　　　　　　　　　　　　　　　　　　　　　　　　60 000
　　贷：原材料——A 材料　　　　　　　　　　　　　　　　　　　　　　60 000

（二）支付往返运费

企业发出材料或收回加工物资时可能涉及运费，如果取得了运费增值税专用发票，则根据发票上的运费金额借记"委托加工物资"账户，根据发票上的增值税税额借记"应交税

费——应交增值税（进项税额）"账户，根据付款情况贷记"银行存款""库存现金"等账户。会计分录如下。

借：委托加工物资

　　应交税费——应交增值税（进项税额）

　　贷：银行存款/库存现金

案例分析

【例3-28】南阳公司1月3日以银行存款支付例3-27中发出材料的运费300元、增值税27元。会计分录如下。

借：委托加工物资　　　　　　　　　　　　　　　　　　　　300

　　应交税费——应交增值税（进项税额）　　　　　　　　　　27

　　贷：银行存款　　　　　　　　　　　　　　　　　　　　　327

（三）支付加工费

委托方向受托方支付加工费时，如果委托方开具了增值税专用发票，则根据加工费借记"委托加工物资"账户，根据增值税税额借记"应交税费——应交增值税（进项税额）"账户，根据付款情况贷记"银行存款""库存现金"等账户。会计分录如下。

借：委托加工物资

　　应交税费——应交增值税（进项税额）

　　贷：银行存款/库存现金

案例分析

【例3-29】南阳公司1月5日以银行存款支付加工费5 000元，增值税税额为650元。会计分录如下。

借：委托加工物资　　　　　　　　　　　　　　　　　　　5 000

　　应交税费——应交增值税（进项税额）　　　　　　　　　　650

　　贷：银行存款　　　　　　　　　　　　　　　　　　　　5 650

（四）委托加工物资完工

委托加工物资加工完成验收入库时，根据全部加工成本借记"库存商品""原材料""周转材料"等账户，贷方冲销"委托加工物资"账户。会计分录如下。

借：库存商品/原材料/周转材料等

　　贷：委托加工物资

案例分析

【例3-30】承例3-27～例3-29，委托加工的材料加工完成并验收入库。会计处理如下。

委托加工材料的总成本＝60 000+300+5 000＝65 300（元）

借：原材料　　　　　　　　　　　　　　　　　　　　　　　65 300

　　贷：委托加工物资　　　　　　　　　　　　　　　　　　　　65 300

◇小试牛刀

　　大正公司发出 L 材料一批，委托乙企业加工成 B 商品。L 材料的实际成本为 30 000 元；以银行存款支付加工费 4 000 元、增值税 520 元，支付运杂费 1 500 元（不考虑增值税）；B 商品加工完成收回后直接出售。

　　要求：计算委托加工物资的成本并编制会计分录。

任务实施

请你根据所学知识完成任务描述中永旭公司的会计处理。

序号	会计分录	序号	会计分录
1	发出材料时：	3	支付运费时：
2	支付加工费时：	4	加工完成时：

任务总结

请对本次工作任务实施过程进行总结。

收获与成长	
问题与困难	

任务评价

任务	评价项目	评价内容	评价维度		备注
			自评	他评	
委托加工物资的核算	知识学习	1. 能准确地计算委托加工物资的成本（10分）			
		2. 能准确地背诵委托加工业务的会计分录（10分）			
		3. 能准确地说出委托加工业务的内容（10分）			
	技能训练	1. 能独立且正确地完成"小试牛刀"部分的练习（20分）			
		2. 能独立且正确地完成任务实施（20分）			
	素养提升	1. 按时上下课，并按要求完成课前作业及预习（10分）			
		2. 学习态度端正，积极参与课堂活动，工整、准确地记录笔记（10分）			
		3. 通过学习委托加工业务，明确要合理运用企业内外资源，实现企业效益最大化（10分）			
	合计				

任务四　库存商品的核算

任务描述

永旭公司发生如下业务。

（1）生产完工 A 产品一批，成本为 170 000 元，产品验收入库。

（2）委托外单位加工 C 商品一批，发出材料成本为 25 000 元，支付加工费 4 000 元、增值税 520 元，支付往返运费 1 500 元、增值税 135 元，商品加工完成收回并验收入库（所有费用均已用银行存款支付）。

（3）工程领用 C 商品一批，成本为 30 000 元。

（4）销售 A 产品一批，成本为 176 400 元。

请完成永旭公司以上业务的相关会计分录。

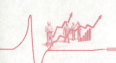

任务解析

库存商品是工业企业的产成品，是商贸企业的商品，其主要用途是用于出售。库存商品的收、发业务比较简单，相信同学们通过本任务的学习一定能完成任务。

知识链接

库存商品是指企业已完成全部生产过程并已验收入库、可以作为商品对外销售的产品以及外购或委托加工完成用于销售的各种商品，包括库存产成品、外购商品、存放在门市部准备出售的商品、发出展览的商品、寄存在外的商品、接受来料加工制造的代制品和为外单位加工修理的代修品等。已完成销售手续但购买单位在月末未提取的产品，不应作为企业的库存商品（存货），而应作为代管商品处理，单独设置代管商品备查簿进行登记。

为了反映和监督库存商品的增减变动及结存情况，企业应设置"库存商品"账户，借方登记验收入库的库存商品成本，贷方登记发出的库存商品成本，期末余额在借方，反映各种库存商品的结存成本。

一、商品入库业务

工业企业生产、委托加工产品完工验收入库或商品流通企业采购商品验收入库时，借记"库存商品"账户，贷记"生产成本""委托加工物资""银行存款"等账户。会计分录如下。

借：库存商品
　　贷：生产成本/委托加工物资/银行存款

案例分析

【例 3-31】 南阳公司完工入库商品一批，成本为 50 000 元。会计分录如下。

借：库存商品　　　　　　　　　　　　　　　　　　　　　50 000
　　贷：生产成本　　　　　　　　　　　　　　　　　　　　　　50 000

二、商品出库业务

工业企业商品出库时，按照发出商品的实际用途借记"主营业务成本""在建工程""研发支出"等账户，贷记"库存商品"账户。会计分录如下。

借：主营业务成本/在建工程/研发支出
　　贷：库存商品

案例分析

【例 3-32】 南阳公司销售商品一批，销售出库单上列明商品成本为 80 000 元。会计分录如下。

借：主营业务成本	80 000
贷：库存商品	80 000

◇小试牛刀

大正公司发生如下业务。

（1）采购 A 商品一批，取得的增值税专用发票上注明价款为 300 000 元，增值税税额为 39 000 元，商品已验收入库，货款全部用银行存款支付。

（2）生产完工 B 产品一批，成本为 70 000 元，产品已验收入库。

（3）销售 A 商品一批，成本为 250 000 元。

要求：根据以上业务编制大正公司会计分录。

任务实施

请你根据所学知识完成任务描述中永旭公司的会计处理。

序号	会计分录	序号	会计分录
1		3	
2		4	

任务总结

请对本次工作任务实施过程进行总结。

收获与成长	
问题与困难	

任务评价

任务	评价项目	评价内容	评价维度		备注
			自评	他评	
库存商品的核算	知识学习	1. 能准确地说出库存商品的内容（10分）			
		2. 能准确地背诵库存商品取得的会计分录（10分）			
		3. 能准确地背诵库存商品出库的会计分录（10分）			
	技能训练	1. 能独立且正确地完成"小试牛刀"部分的练习（20分）			
		2. 能独立且正确地完成任务实施（20分）			
	素养提升	1. 按时上下课，并按要求完成课前作业及预习（10分）			
		2. 学习态度端正，积极参与课堂活动，工整、准确地记录笔记（10分）			
		3. 养成严谨认真的学习态度（10分）			
	合计				

任务五　存货清查的核算

任务描述

永旭公司月末进行财产清查，填写存货盘点报告表，如表3-4所示。

表3-4　存货盘点报告表

2024年1月31日 单位：元

存货名称	账存	实存	原因	备注
电子材料	54 000	53 980	收发计量所致	
包装物	3 000	3 050	查无原因	
A商品	340 000	320 000	管理不善，丢失	生产时所耗原材料进项税额为2 600元
B商品	550 000	542 000	运输事故造成	收回残料300元，保险公司赔偿3 000元

请同学们根据以上存货盘点报告表，帮助永旭公司完成存货清查的会计处理。

任务解析

由于存货种类繁多、收发频繁，所以在日常收发过程中可能发生计量错误、计算错误、自然损耗，还可能发生损坏变质以及贪污、盗窃等情况，造成账面数与实有数不符，形成存货的盘盈、盘亏。对于存货的盘盈、盘亏，盘点人员应填写存货盘点报告表，存货管理相关部门要及时查明原因，按照规定程序报批处理。会计人员则需要根据存货盘点报告表及上级批准后处理结果进行会计处理。本任务重点介绍不同情况下的会计处理方法，请同学们认真学习。

知识链接

存货清查是指通过对存货的实地盘点，确定存货的实有数额，并与账面结存数核对，从而确定存货实存数与账面结存数是否相符的一种专门方法。

存货清查的结果有三种情况：账实相符、盘盈和盘亏。账实相符表明账户结存数与实有数相等，不需要进行会计处理；盘盈即账面数小于实际数，盘亏即账面数大于实际数，它们均属于账实不符的情况，需要进行相应的会计处理，以使账实相符。

存货清查发生盘盈、盘亏和毁损时通过"待处理财产损溢"账户核算，期末处理后该账户无余额。核算时分两步：第一步，批准前调整为账实相符；第二步，批准后结转处理。

一、存货盘盈

企业发生存货盘盈时，首先，根据盘盈存货的成本借记"原材料""库存商品""周转材料"等账户，贷记"待处理财产损溢"账户；其次，存货盘盈主要是由于收发计量或核算的误差等原因造成的，因此报经批准后应冲减管理费用，借记"待处理财产损溢"账户，贷记"管理费用"账户。会计分录如下。

（1）批准前。

借：原材料/库存商品/周转材料

　　贷：待处理财产损溢——待处理流动资产损溢

（2）批准后。

借：待处理财产损溢——待处理流动资产损溢

　　贷：管理费用

案例分析

【例3-33】南阳公司在清查中发现盘盈甲材料800千克，每千克成本为50元。会计分录如下。

（1）批准前。

借：原材料——甲材料　　　　　　　　　　　　　　　　　　　　40 000
　　贷：待处理财产损溢——待处理流动资产损溢　　　　　　　　　　40 000

（2）批准后。

借：待处理财产损溢——待处理流动资产损溢　　　　　　　　　　　40 000
　　贷：管理费用　　　　　　　　　　　　　　　　　　　　　　　　40 000

◇小试牛刀

大正公司盘盈 A 材料 1 000 千克，实际单位成本为 60 元，经查属于材料收发计量方面的错误。

要求：编制相应的会计分录。

二、存货盘亏

企业发生存货盘亏及毁损时，借记"待处理财产损溢"账户，贷记"原材料""周转材料""库存商品"等账户。存货盘亏、毁损的原因有多种，报经批准后应根据不同的原因，分不同的情况进行处理。

（1）属于自然损耗产生的定额内损耗，经批准后转作"管理费用"。

（2）属于收发计量差错和管理不善等原因造成的存货短缺或毁损，应先扣除残料价值、可收回的保险赔偿和过失人的赔偿，然后将净损失记入"管理费用"。

（3）属于自然灾害或意外事故造成的存货毁损，应先扣除残料价值和可以收回的保险赔偿，然后将净损失转作"营业外支出"。

（4）入库的残料价值记入原材料或周转材料，应由保险公司和过失人赔偿的部分记入"其他应收款"。

（5）存货由于管理不善原因造成短缺或毁损时，应将其购入时确认的增值税进项税额转出。

会计分录如下。

（1）批准前。

借：待处理财产损溢——待处理流动资产损溢
　　贷：原材料/周转材料/库存商品
　　　　应交税费——应交增值税（进项税额转出）

存货盘亏

（2）批准后。

借：管理费用/营业外支出/其他应收款/原材料
　　贷：待处理财产损溢——待处理流动资产损溢

案例分析

【例3-34】南阳公司在清查中发现盘亏原材料一批，成本为 4 000 元，该批原材料的进项

税额为 800 元。经查为保管员失职所致，应由保管员赔偿 500 元。会计分录如下。

（1）批准前。

借：待处理财产损溢——待处理流动资产损溢   4 800

  贷：原材料   4 000

    应交税费——应交增值税（进项税额转出）   800

（2）批准后。

借：其他应收款   500

  管理费用   4 300

  贷：待处理财产损溢——待处理流动资产损溢   4 800

【例 3-35】南阳公司经历了一场罕见的暴风雨，材料仓库发生大规模毁损。经查甲材料毁损 230 000 元，应由保险公司赔偿 180 000 元，回收残料 500 元。会计分录如下。

（1）批准前。

借：待处理财产损溢——待处理流动资产损溢   230 000

  贷：原材料——甲材料   230 000

（2）批准后。

借：其他应收款   180 000

  原材料   500

  营业外支出   49 500

  贷：待处理财产损溢——待处理流动资产损溢   230 000

◇小试牛刀

大正公司盘亏周转材料一批，成本为 30 500 元。经查为收发计量所致。

要求：作出相应的会计处理。

任务实施

请你根据所学知识完成任务描述中永旭公司的会计处理。

序号	会计分录	序号	会计分录
1		3	
2		4	

任务总结

请对本次工作任务实施过程进行总结。

收获与成长	
问题与困难	

任务评价

任务	评价项目	评价内容	评价维度		备注
			自评	他评	
存货清查的核算	知识学习	1. 能准确地说出存货清查的三种结果（10分）			
		2. 能准确地背诵存货盘盈业务的会计分录（10分）			
		3. 能准确地背诵存货盘亏业务的会计分录（10分）			
	技能训练	1. 能独立且正确地完成"小试牛刀"部分的练习（20分）			
		2. 能独立且正确地完成任务实施（20分）			
	素养提升	1. 按时上下课，并按要求完成课前作业及预习（10分）			
		2. 学习态度端正，积极参与课堂活动，工整、准确地记录笔记（10分）			
		3. 通过学习存货盘点业务，树立严谨认真的工作态度（10分）			
	合计				

素养课堂

拒绝过度包装——坚持绿色发展

包装美观大方有利于商品销售。适当的包装是必要的，但过度包装可能走向另一个极端：夸大包装的功能，误导消费观念，损害消费者和社会的利益。过度包装会消耗资源，增加消费者的成本，其危害表现在以下几方面。

（1）浪费大量资源。包装工业的原材料如纸张、橡胶、玻璃、钢铁、塑料等，来源于木材、石油、钢铁等，这些都是我国的紧缺资源。如果将紧缺资源大量用于过度包装，而没有相应地进行回收利用，就会造成很大的浪费。

（2）污染环境。消费者抛弃大量包装废弃物，会加重对环境的污染。我国包装废弃物的年排放量在质量上已占城市固体废弃物的1/3，而在体积上更达到1/2之多，且包装废弃物排放量以每年10%的惊人速度递增。

（3）损害社会利益。首先，过度包装侵害消费者的利益，使其在支付必要商品价值时，还要支付巨额包装费；其次，过度包装伤害企业利益，部分企业为了追求更高的利润，对产品进行过度包装，短期内利润可能有所上涨，但从长远来看不利于企业的可持续发展；再次，过度包装损害社会利益，过度包装形成了奢华、浮夸的社会风气，不利于建设节约型社会。

（出处：杭州市生态环境宣教信息中心，2022.8）

【学原文】

党的二十大报告提出："加快发展方式绿色转型。推动经济社会发展绿色化、低碳化是实现高质量发展的关键环节。实施全面节约战略，推进各类资源节约集约利用，加快构建废弃物循环利用体系。完善支持绿色发展的财税、金融、投资、价格政策和标准体系，发展绿色低碳产业，健全资源环境要素市场化配置体系，加快节能降碳先进技术研发和推广应用，倡导绿色消费，推动形成绿色低碳的生产方式和生活方式。"

【悟原理】

过度包装会增加产品的成本，从而增加消费者的生活成本，更会加重环境污染，因此，要从自身做起，拒绝过度包装，树立环境保护意识，坚持绿色发展。

项目四

固定资产的账务处理

项目导读

固定资产属于产品生产过程中用来改变或者影响劳动对象的劳动资料，是固定资本的实物形态。固定资产在生产过程中可以长期发挥作用，长期保持原有的实物形态，但其价值则随着企业生产经营活动而逐渐地转移到产品成本中，并构成产品价值的一个组成部分。

固定资产是企业资产的重要组成部分，会计上固定资产的定义，是指同时具有以下特征的有形资产。

（1）企业持有固定资产的目的是生产商品、提供劳务、出租或经营管理，而不是直接用于出售，固定资产从而明显区别于流动资产。

（2）企业使用固定资产的期限较长，使用寿命超过一个会计年度。固定资产属于非流动资产。

（3）单位价值较高，区别于低值易耗品。

▲▲ 目标导学

三维目标

知识目标
- ❶ 能正确地计算固定资产的初始成本并进行会计处理
- ❷ 能正确地运用各种折旧方法计算固定资产的折旧额
- ❸ 能正确地判断固定资产后续支出的种类并进行会计处理
- ❹ 能正确地区分固定资产报废和出售业务并分别进行会计处理

技能目标
- ❶ 能独立完成固定资产取得业务的账务处理
- ❷ 能独立完成固定资产折旧的计算及相关账务处理
- ❸ 能独立完成固定资产后续支出业务的账务处理
- ❹ 能独立完成固定资产处置业务的账务处理

素养目标
- ❶ 🚩 坚持绿色发展理念，促进人与自然和谐共生
- ❷ 养成勤俭节约的习惯，增强环境保护意识

▲▲ 内容导览

固定资产的账务处理

固定资产取得的核算
- 账户设置
- 固定资产的初始计量
- 外购固定资产
- 自行建造固定资产
- 接受投资者投入固定资产

固定资产折旧的核算
- 固定资产折旧概述
- 固定资产折旧方法
- 固定资产折旧的账务处理

固定资产后续支出的核算
- 费用化支出
- 资本化支出

固定资产处置的核算
- 固定资产处置的内容
- 固定资产处置的账务处理

任务一　固定资产取得的核算

任务描述

永旭公司因扩大生产经营，增建一个生产车间，发生如下业务。

（1）自建车间。购入工程用材料 100 000 元，增值税税额为 13 000 元，用银行存款支付；工程开工领用 50% 工程材料；工程领用本企业生产的设备一批，实际成本为 60 000 元；工程领用包装材料一批，成本为 2 000 元；应付工程人员工资为 150 000 元；用银行存款支付其他费用60 000元、增值税 7 800 元；工程完工车间投入使用。

（2）外购需要安装的设备。购入 1 台设备，取得的增值税专用发票上注明的设备价款为 230 000 元，增值税税额为 29 900 元，另支付运费 4 000 元、增值税 360 元，款项全部以银行存款支付；设备投入安装，领用生产用材料 5 000 元，以银行存款支付安装费 6 000 元、增值税 780 元；设备安装完成投入使用。

（3）接受投资设备。长远公司与永旭公司达成投资协议，用 1 套设备进行投资，取得永旭公司 120 000 元股份。收到设备及增值税专用发票，设备总价为 150 000 元，增值税税额为 19 500 元。

请完成以上业务的会计处理。

任务解析

固定资产是企业的重要生产资料，企业可以通过购买、自行建造、接受投资、接受捐赠、非货币性交易、债务重组等方式获得固定资产。针对固定资产的不同取得方式，其会计处理方法不一样，请完成任务一的学习，并帮助永旭公司进行会计处理。

知识链接

一、账户设置

固定资产取得的核算主要用到"固定资产""在建工程""工程物资"三个账户，如表 4-1 所示。

表 4-1　账户设置

账户名称	固定资产	在建工程	工程物资
核算内容	核算企业固定资产的原价	核算企业基建、更新改造等在建工程发生的支出	核算企业为在建工程而准备的各种物资的实际成本
账户性质	资产类（借增贷减）	资产类（借增贷减）	资产类（借增贷减）
账户结构	企业取得的固定资产达到预定可使用状态时记借方，企业处置固定资产时记贷方，期末余额在借方，反映企业期末固定资产的账面原价	安装、建造、更新改造固定资产过程中发生符合资本化条件支出时记借方，固定资产完工（达到预定可使用状态）时记贷方，期末余额在借方，反映企业尚未达到预定可使用状态的在建工程的成本	借方登记企业购入工程物资的成本，贷方登记领用工程物资的成本，期末余额在借方，反映企业为在建工程准备的各种物资的成本

二、固定资产的初始计量

固定资产的初始计量，是指确定固定资产的取得成本。企业取得固定资产应当按其实际成本入账，即企业为构建某项固定资产达到预定可使用状态前所发生的一切合理的、必要的支出。这些支出包括直接发生的价款、运杂费、包装费、相关税费和安装费等成本，也包括间接发生的成本，如应承担的借款利息。

固定资产的取得方式不同，初始计量方式也不同。外购的固定资产，其初始成本包括购买时支付的买价、运输费、专业人员服务费、装卸费、相关税费等，以及安装过程中支付的安装费和相关材料支出。自行建造的固定资产，其初始成本包括固定资产达到预定可使用状态前发生的一切合理的、必要的且符合资本化条件的各项支出，如材料费、人工费、运输费等。接受投资转入的固定资产，其初始成本为投资合同或协议约定的价值。

案例分析

【例 4-1】南阳公司购入一台需要安装的设备，增值税专用发票上注明设备价款为 50 000 元，应交增值税税额为 6 500 元。另发生运费 2 000 元、相应增值税 180 元，装卸费 1 500 元、相应增值税 90 元，安装过程中领用材料的成本为 40 000 元。计算该设备的初始成本。

该设备的初始成本 = 50 000+2 000+1 500+40 000 = 93 500（元）

【例 4-2】南阳公司接受投资者投入机床一台，该机床的账面原值为 40 万元，已提折旧 25 万元，双方约定价值为 30 万元（假设该价值公允），南阳公司支付设备的运费 3 000 元、安装费 5 000 元。计算投资者投入机床的初始成本。

投资者投入机床的初始成本 = 300 000+3 000+5 000 = 308 000（元）

◇**小试牛刀**

大正公司发生有关固定资产的业务如下。

（1）因生产需要购入一辆货车用于送货，车辆销售专用发票上注明买价为 300 000 元，增值税税额为 39 000 元，另外缴纳车辆购置税 30 000 元，以银行存款支付。

（2）财务部门添置一台打印机，发票价格为 40 000 元，增值税税额为 5 200 元，安装调试费为 400 元，相应增值税为 36 元，运费为 700 元，相应增值税为 63 元，全部款项以银行存款支付。

（3）自行建造并安装一套设备，安装过程中领用材料 50 000 元，支付安装工人工资 180 000 元，同时支付水电费 3 000 元、相应增值税 390 元，场地整理费 15 000 元、相应增值税 1 350 元，购置设备支付 290 000 元、相应增值税 37 700 元。为了建造该设备，大正公司专门向银行借入一笔款项，其中应予以资本化的借款费用为 1 000 元。

要求：帮助大正公司确认以上固定资产的初始成本。

三、外购固定资产

（一）外购不需要安装的固定资产

企业购入不需要安装的固定资产，应按实际支付的购买价款、相关税费以及使固定资产达到预定可使用状态前所发生的可归属于该项资产的运输费、装卸费和专业人员服务费等，作为固定资产取得成本，借记"固定资产""应交税费"账户，贷记"银行存款"等账户。会计分录如下。

借：固定资产

　　应交税费——应交增值税（进项税额）

　　贷：银行存款

案例分析

【例 4-3】南阳公司购入一辆轿车，取得的增值税专用发票上注明设备价款为 500 000 元，增值税税额为 65 000 元，另支付车辆购置税 50 000 元，款项以银行存款支付。会计处理如下。

$$固定资产初始成本 = 500\ 000 + 50\ 000 = 550\ 000（元）$$

借：固定资产 　　　　　　　　　　　　　　　　　　　　　550 000

　　应交税费——应交增值税（进项税额） 　　　　　　　　　65 000

　　贷：银行存款 　　　　　　　　　　　　　　　　　　　　615 000

企业以一笔款项购入多项没有单独标价的固定资产时，应按各项固定资产公允价值的比例对总成本进行分配，分别确定各项固定资产的成本。

【例4-4】南阳公司以1 000 000元购入A、B、C三项没有单独标价的固定资产，增值税税额为130 000元，全部款项用银行存款支付。这三项固定资产的公允价值分别为300 000元、400 000元和500 000元。南阳公司应作如下会计处理。

固定资产A的初始成本=300 000÷（300 000+400 000+500 000）×1 000 000=250 000（元）

固定资产B的初始成本=400 000÷（300 000+400 000+500 000）×1 000 000≈333 333（元）

固定资产C的初始成本=500 000÷（300 000+400 000+500 000）×1 000 000≈416 667（元）

借：固定资产——A　　　　　　　　　　　250 000

　　　　　——B　　　　　　　　　　　333 333

　　　　　——C　　　　　　　　　　　416 667

　　应交税费——应交增值税（进项税额）　130 000

　　贷：银行存款　　　　　　　　　　　　　　1 130 000

成套购入固定资产如何做账？

（二）外购需要安装的固定资产

企业购入需要安装的固定资产，应在购入固定资产取得成本的基础上加上安装调试成本等，作为购入固定资产的成本，先通过"在建工程"账户核算，待固定资产安装完毕达到预定可使用状态时，再由"在建工程"账户转入"固定资产"账户。会计分录如下。

（1）固定资产投入安装时。

借：在建工程

　　应交税费——应交增值税（进项税额）

　　贷：银行存款

（2）发生安装费用时。

借：在建工程

　　应交税费——应交增值税（进项税额）

　　贷：银行存款/原材料/应付职工薪酬等

（3）固定资产安装完毕达到预定可使用时。

借：固定资产

　　贷：在建工程

案例分析

【例4-5】南阳公司用银行存款购入一台需要安装的生产设备，增值税专用发票上注明的设备买价为200 000元，增值税税额为26 000元；另以银行存款支付运输费10 000元、相应增值税900元，安装费40 000元、相应增值税3 600元。南阳公司应编制如下会计分录。

（1）购入时。

借：在建工程　　　　　　　　　　　　　　　　　　　　　　200 000

　　应交税费——应交增值税（进项税额）　　　　　　　　　 26 000

　　　贷：银行存款　　　　　　　　　　　　　　　　　　　　　　226 000

（2）支付运费、安装费时。

借：在建工程　　　　　　　　　　　　　　　　　　　　　　 50 000

　　应交税费——应交增值税（进项税额）　　　　　　　　　　 4 500

　　　贷：银行存款　　　　　　　　　　　　　　　　　　　　　　 54 500

（3）设备安装完毕交付使用时。

固定资产成本＝200 000＋50 000＝250 000（元）

借：固定资产　　　　　　　　　　　　　　　　　　　　　　250 000

　　　贷：在建工程　　　　　　　　　　　　　　　　　　　　　　250 000

◇ 小试牛刀

大正公司1月发生如下业务。

（1）1月5日，向南京机床公司购入不需安装的设备1台，价值为26 000元，增值税税额为3 380元，运输费为4 000元，增值税税额为360元，货款及运费未付，设备已交付使用。

（2）1月10日，购入需要安装的生产线1条，价值为60 000元，增值税税额为7 800元，款项已用银行存款支付。生产线直接交付安装。

（3）1月12日，按合同规定以银行存款支付安装费4 000元、相应增值税360元。

（4）1月17日，生产线安装完毕，经验收合格交付使用。

要求：编制大正公司上述固定资产相关业务的会计分录。

四、自行建造固定资产

企业自行建造固定资产，应按建造该项固定资产达到预定可使用状态前所发生的必要支出，作为固定资产的成本。企业自建固定资产应先通过"在建工程"账户核算，固定资产达到预定可使用状态时，再从"在建工程"账户转入"固定资产"账户。企业自建固定资产主要有自营工程和出包工程两种方式，由于采用的建设方式不同，其会计处理方式也不同。

（一）自营工程

自营工程是指企业自行组织工程物资采购、自行组织施工人员施工的建筑工程和安装工程。常用会计分录如下。

（1）购入工程物资时。

借：工程物资

　　应交税费——应交增值税（进项税额）

　　　贷：银行存款

（2）领用工程物资时。

借：在建工程

　　贷：工程物资

（3）工程领用本企业生产产品时。

借：在建工程

　　贷：库存商品

（4）工程领用生产用材料时。

借：在建工程

　　贷：原材料

（5）分配工程人员工资时。

借：在建工程

　　贷：应付职工薪酬

（6）支付发生的其他费用时。

借：在建工程

　　贷：银行存款

（7）工程完工时。

借：固定资产

　　贷：在建工程

案例分析

【例4-6】南阳公司自建厂房一幢，于1月2日购入工程用材料400 000元，增值税税额为52 000元，上述款项用银行存款支付；1月3日，工程开工领用全部工程材料；1月6日，工程领用本企业生产的产品一批，实际成本为75 000元；1月18日，工程领用生产用材料一批，成本为25 000元；1月30日，计算分配工程人员工资150 000元；1月31日，用银行存款支付其他费用60 000元；2月3日，工程完工并达到预定可使用状态。南阳公司应编制如下会计分录。

（1）1月2日购入工程物资时。

借：工程物资　　　　　　　　　　　　　　　　　　　　　400 000

　　应交税费——应交增值税（进项税额）　　　　　　　　52 000

　　　贷：银行存款　　　　　　　　　　　　　　　　　　　　452 000

（2）1月3日领用工程物资时。

借：在建工程　　　　　　　　　　　　　　　　　　　　　400 000

　　贷：工程物资　　　　　　　　　　　　　　　　　　　　400 000

（3）1月6日领用本企业生产的产品时。

借：在建工程　　　　　　　　　　　　　　　　　　　　　75 000

　　贷：库存商品　　　　　　　　　　　　　　　　　　　　75 000

（4）1月18日领用生产用材料时。

借：在建工程		25 000
贷：原材料		25 000

（5）1 月 30 日计算分配工程人员工资时。

借：在建工程		150 000
贷：应付职工薪酬		150 000

（6）1 月 31 日支付其他费用时。

借：在建工程		60 000
贷：银行存款		60 000

（7）2 月 3 日工程完工时。

固定资产的初始成本＝400 000＋75 000＋25 000＋150 000＋60 000＝710 000（元）

借：固定资产		710 000
贷：在建工程		710 000

◇小试牛刀

大正公司发生如下业务。

（1）1 月 5 日，自行建造仓库一座，购入为工程准备的各种物资共计 350 000 元，增值税税额为 45 500 元，全部款项用银行存款支付。

（2）1 月 6 日，领用全部工程物资。

（3）1 月 16 日，领用企业生产用的原材料一批，实际成本为 40 000 元。

（4）1 月 26 日，计算分配工程人员工资 60 000 元。

（5）2 月 3 日，工程完工并交付使用。

要求：编制大正公司上述业务的会计分录。

（二）出包工程

出包工程是指企业通过招标方式将工程项目发包给建造承包商，由建造承包商组织施工的建筑工程和安装工程。企业采用出包方式进行的固定资产建设项目，需要定期向承包方预付或支付工程款，并取得对方开具的增值税专用发票。企业根据增值税专用发票上的价款借记"在建工程"账户，根据增值税税额借记"应交税费——应交增值税（进项税额）"账户，贷记"银行存款"账户。当工程完工时，根据工程总造价借记"固定资产"账户，贷记"在建工程"账户。会计分录如下。

（1）预付或补付工程款并取得增值税专用发票时。

借：在建工程

　　应交税费——应交增值税（进项税额）

　　贷：银行存款

（2）工程完工达到预定可使用状态时。

借：固定资产

　　贷：在建工程

案例分析

【例4-7】南阳公司将办公楼工程出包给红星公司承建，工程总价款为1 200 000元。10月1日，按合同规定向红星公司预付40%的工程款，红星公司开具增值税专用发票，价款为480 000元，增值税税额为43 200元；12月5日，收到红星公司有关工程结算单据及增值税专用发票，补付剩余工程款，价款为720 000元，增值税税额为64 800元；年底，工程完工并达到预定可使用状态。南阳公司应编制如下会计分录。

（1）10月1日预付工程款时。

借：在建工程 　　　　　　　　　　　　　　　　　　　　480 000

　　应交税费——应交增值税（进项税额） 　　　　　　43 200

　　贷：银行存款 　　　　　　　　　　　　　　　　　　　　523 200

（2）12月5日补付剩余工程款时。

借：在建工程 　　　　　　　　　　　　　　　　　　　　720 000

　　应交税费——应交增值税（进项税额） 　　　　　　64 800

　　贷：银行存款 　　　　　　　　　　　　　　　　　　　　784 800

（3）工程完工并达到预定可使用状态时。

借：固定资产 　　　　　　　　　　　　　　　　　　　1 200 000

　　贷：在建工程 　　　　　　　　　　　　　　　　　　　1 200 000

◇小试牛刀

大正公司将生产车间用厂房建造工程发包给甲公司施工，合同规定工程总价款为1 000 000元。

（1）2月10日，按合同规定以银行存款支付50%的工程进度款，收到甲公司开具的增值税专用发票，增值税税率为9%。

（2）5月1日，以银行存款补付剩余工程款，收到甲公司开具的增值税专用发票，增值税税率为9%。

（3）生产车间用厂房建造工程完工验收合格并交付使用。

要求：根据以上业务编制大正公司会计分录。

五、接受投资者投入固定资产

企业接受投资者投入的固定资产，在取得时应按投资合同或协议约定的价值，借记"固定资产""应交税费——应交增值税（进项税额）"账户，贷记"实收资本"（或"股本"）"资本公积"等账户。会计分录如下。

借：固定资产
　　应交税费——应交增值税（进项税额）
　　贷：实收资本（股本）
　　　　资本公积

案例分析

【例4-8】南阳公司接受丙公司机械生产设备一台作为投资，投资合同约定的价值为200 000元，增值税税额为26 000元。会计分录如下。

借：固定资产　　　　　　　　　　　　　　　　　　　　　200 000
　　应交税费——应交增值税（进项税额）　　　　　　　　　　2 6000
　　贷：实收资本——丙公司　　　　　　　　　　　　　　　　　226 000

◇小试牛刀

大正公司接受乙公司投入的生产设备一台，投入设备的账面原价为700 000元，双方确认的价值为600 000元，增值税税额为78 000元。

要求：编制上述业务的会计分录。

任务实施

请你根据所学知识完成任务描述中永旭公司的会计处理。

序号	业务关键词	会计分录
1	自建车间	
2	外购设备及安装	
3	接受投资设备	

任务总结

请对本次工作任务实施过程进行总结。

收获与成长	
问题与困难	

任务评价

任务	评价项目	评价内容	评价维度		备注
			自评	他评	
固定资产取得的核算	知识学习	1. 能准确地计算固定资产初始成本（5分）			
		2. 能准确地说出固定资产核算的相关账户（5分）			
		3. 能准确地背诵固定资产取得业务的会计分录（20分）			
	技能训练	1. 能独立且正确地完成"小试牛刀"部分的练习（20分）			
		2. 能独立且正确地完成任务实施（20分）			
	素养提升	1. 按时上下课，并按要求完成课前作业及预习（10分）			
		2. 学习态度端正，积极参与课堂活动，工整、准确地记录笔记（10分）			
		3. 拓展学习固定资产弃置费用，坚持绿色发展理念，促进人与自然和谐共生（10分）			
	合计				

任务二　固定资产折旧的核算

任务描述

永旭公司2024年1月固定资产期初资料如表4-2所示。

表4-2　2024年1月固定资产期初资料

名称	H生产线	M生产线	厂房	比亚迪S6小车	办公一体机	展销部（春江苑）	长城小型货车
残值率/%	5	5	4	4	5	2	3
使用部门	生产车间	生产车间	生产车间	行政部	行政部	销售部	销售部
入账日期	19-12-29	19-12-15	18-7-10	20-12-25	19-8-4	20-2-20	18-12-3
原值/元	250 000	120 000	2 600 000	100 000	55 000	1000 000	52 800
折旧方法	双倍余额递减法	年数总和法	年限平均法	工作量法	年限平均法	年限平均法	工作量法
预计使用年限（总工作量）	5年	5年	60年	60万千米	5年	10年	50万千米
本月工作量/千米				3 000			5 000

请根据以上资料计算永旭公司2024年1月固定资产的折旧额并编制会计分录。

任务解析

固定资产在使用过程中会发生损耗，为了核算这部分损耗，企业要按月计算折旧。固定资产的折旧方法有四种，每种折旧方法都各有特点，若同一项固定资产选择不同的折旧方法，则每月的折旧额会不同，请同学们对比学习本任务。

知识链接

一、固定资产折旧概述

固定资产在使用过程中价值会不断损耗，固定资产折旧就是固定资产由于损耗而减少的

价值。计提固定资产折旧是指企业在固定资产的使用寿命内，按照确定的方法对应计折旧额进行系统分摊的过程。应计折旧额是指应当计提折旧的固定资产原价扣除其预计净残值后的金额，已计提减值准备的固定资产还应当扣除已计提的固定资产减值准备金额。

（一）影响折旧的因素

（1）固定资产原值，指固定资产的初始成本。

（2）预计净残值，指固定资产报废时预计可收回的残料价值（或变价收入）扣除预计清理费用后的数额。

（3）固定资产使用寿命，指企业使用固定资产的预计期间（或预计总工作量）。

（4）固定资产减值准备，指固定资产已计提的减值准备累计金额。

（二）计提折旧的范围

1. 空间范围

除以下情况外，企业应当对所有固定资产计提折旧：已提足折旧仍继续使用的固定资产、单独计价入账的土地。

2. 时间范围

固定资产应当按月计提折旧，当月增加的固定资产，当月不计提折旧，从下月起计提折旧；当月减少的固定资产，当月仍计提折旧，从下月起不计提折旧；提前报废的固定资产，不再补提折旧；固定资产提足折旧后，不管能否继续使用，均不再计提折旧。

二、固定资产折旧方法

企业应根据与固定资产有关的经济利益的预期实现方式，合理选择固定资产折旧方法。固定资产折旧方法有年限平均法、工作量法、双倍余额递减法和年数总和法4种。

（一）年限平均法

年限平均法又称为平均年限法，是将固定资产的应计折旧额在固定资产整个预计使用年限内平均分摊的折旧方法，属于直线法。计算公式如下：

$$年折旧额 = （原值 - 预计净残值） \div 预计使用年限$$

$$月折旧额 = 年折旧额 \div 12$$

案例分析

【例4-9】南阳公司生产车间一台设备原值为150 000元，预计使用年限为10年，预计净残值为2 000元。其年折旧额和月折旧额分别如下：

$$年折旧额 = （150 000 - 2 000） \div 10 = 14 800 （元）$$

$$月折旧额 = 14 800 \div 12 \approx 1 233.33 （元）$$

【例4-10】南阳公司有一幢办公楼，原价为8 000 000元，预计可使用50年，预计报废时的净残值率为2%。该办公楼的年折旧额和月折旧额计算如下：

$$预计净残值 = 8\ 000\ 000 × 2\% = 160\ 000（元）$$

$$年折旧额 = (8\ 000\ 000 - 160\ 000) ÷ 50 = 156\ 800（元）$$

$$月折旧额 = 156\ 800 ÷ 12 ≈ 13\ 066.67（元）$$

◇**小试牛刀**

大正公司购入一台设备用于生产，当月投入使用。该设备入账价值为10万元，预计使用年限为5年，预计净残值率为2%。

要求：按年限平均法计算该设备的月折旧额。

（二）工作量法

工作量法是指以固定资产预计可完成的工作总量为分配标准，根据各年实际工作量计算折旧的方法。这种方法适用于各月使用情况不均衡的机器和设备，如运输设备等。工作量法也属于直线法。其计算公式如下：

$$单位工作量折旧额 = (原值 - 预计净残值) ÷ 预计总工作量$$

$$月折旧额 = 该项固定资产当月工作量 × 单位工作量折旧额$$

案例分析

【例4-11】南阳公司的一辆运货车的原价为600 000元，预计总行驶里程为800 000千米，预计报废时的净残值率为5%，2024年1月行驶4 000千米。该运货车1月折旧额计算如下：

$$单位行驶里程折旧额 = (600\ 000 - 600\ 000 × 5\%) ÷ 800\ 000 = 0.712\ 5（元/千米）$$

$$本月折旧额 = 4\ 000 × 0.712\ 5 = 2\ 850（元）$$

◇**小试牛刀**

大正公司一台机床设备原值为500 000元，预计净残值为2 000元，预计总工作量为160 000小时，本月工作200小时。

要求：计算当月应计提的折旧额。

（三）双倍余额递减法

双倍余额递减法是以固定资产的期初账面净值作为折旧基数、以直线法折旧率的双倍（不考虑预计净残值）作为折旧率来计算各期折旧额的方法。计算公式如下：

$$年折旧率 = 2 ÷ 预计使用年限 × 100\%$$

$$年折旧额 = 期初固定资产账面净值 × 年折旧率$$

$$期初固定资产账面净值 = 固定资产原值 - 已提折旧总额$$

月折旧额＝年折旧额÷12

 案例分析

【例4-12】某企业一项固定资产的原价为1 000 000元，预计使用年限为5年，预计净残值为4 000元，按双倍余额递减法计提折旧，每年的折旧额计算如下：

$$年折旧率＝2÷5×100\%＝40\%$$

$$第1年折旧额＝1 000 000×40\%＝400 000（元）$$

$$第2年折旧额＝（1 000 000-400 000）×40\%＝240 000（元）$$

$$第3年折旧额＝（1 000 000-400 000-240 000）×40\%＝144 000（元）$$

从第4年起改用年限平均法（直线法）计提折旧：

$$第4年、第5年的年折旧额＝（1 000 000-400 000-240 000-144 000-4 000）÷2$$

$$＝106 000（元）$$

这种折旧方法的特点如下。

（1）在固定资产使用寿命的最后两年之前，每期折旧率是相同的，但每期折旧额呈递减趋势。

（2）在固定资产使用寿命的最后两年，每年折旧额相等。

◇小试牛刀

大正公司的某项固定资产，其原值为350 000元，预计使用年限为5年，预计净残值为4 000元。

要求：按双倍余额递减法计算每年折旧额。

（四）年数总和法

年数总和法是以固定资产的应计折旧总额为折旧基数，以一个逐期递减的分数作折旧率来计算各期折旧额的方法。采用这种方法，每期折旧基数固定不变，但每期折旧额呈递减趋势。计算公式如下：

$$年折旧额＝固定资产应计折旧总额×尚可使用年限÷年数总和$$

$$固定的应计折旧总额（折旧基数）＝固定资产原值-预计净残值$$

$$年数总和＝1+2+3+\cdots+（N-1）+N（假设固定资产的预计使用寿命为N年）$$

 案例分析

【例4-13】承例4-12，假如该固定资产采用年数总和法计算折旧，各年折旧额计算如下：

$$年数总和＝5+4+3+2+1＝15$$

$$第1年折旧额＝（1 000 000-4 000）×\frac{5}{15}＝332 000（元）$$

$$第 2 年折旧额 = (1\,000\,000 - 4\,000) \times \frac{4}{15} = 265\,600\ （元）$$

$$第 3 年折旧额 = (1\,000\,000 - 4\,000) \times \frac{3}{15} = 199\,200\ （元）$$

$$第 4 年折旧额 = (1\,000\,000 - 4\,000) \times \frac{2}{15} = 132\,800\ （元）$$

$$第 5 年折旧额 = (1\,000\,000 - 4\,000) \times \frac{1}{15} = 66\,400\ （元）$$

◇小试牛刀

大正公司的某项固定资产，其原值为 350 000 元，预计使用年限为 5 年，预计净残值为 4 000元。

要求：按年数总和法计算每年折旧额。

在年限平均法和工作量法下每月（或单位工作量）折旧额相等，它们属于直线法；在双倍余额递减法和年数总和法下每年折旧额呈递减趋势，它们统称为加速折旧法。

◇学习随想

请同学们想一想：4 种折旧方法分别适用于什么样的固定资产？

三、固定资产折旧的账务处理

企业应设置"累计折旧"账户，用以核算企业固定资产计提的累计折旧额，贷方登记按期计提的累计折旧额，借方登记处置固定资产时转出的累计折旧额，期末余额在贷方，反映企业固定资产的已提折旧总额。

固定资产应当按月计提折旧，计提折旧时应当贷记"累计折旧"账户，借方则根据用途记入相关账户。常用会计分录如下。

借：生产成本

  制造费用

  管理费用

  销售费用

  在建工程

  研发支出

  其他业务成本等

  贷：累计折旧

固定资产折旧
的账务处理

案例分析

【例 4-14】南阳公司 1 月各部门应分配的折旧额为：生产车间 50 000 元、行政管理部门 40 000 元、销售部门 30 000 元。会计分录如下。

```
借：制造费用                                     50 000
    管理费用                                     40 000
    销售费用                                     30 000
    贷：累计折旧                                             120 000
```

◇小试牛刀

大正公司本月固定资产计提折旧情况如下：车间厂房计提折旧 300 000 元，机器设备计提折旧 40 000 元；行政管理部门房屋建筑物计提折旧 60 000 元，运输工具计提折旧 20 000 元；销售部门房屋建筑物计提折旧 30 000 元，运输工具计提折旧 270 000 元。

要求：编制大正公司计提折旧的会计分录。

任务实施

请你根据所学知识完成任务描述中永旭公司的会计处理。

设备名称	月折旧额
H 生产线	
M 生产线	
厂房	
比亚迪 S6 小车	
办公一体机	
展销部	
长城小型货车	
会计分录	

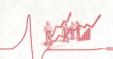
任务总结

请对本次工作任务实施过程进行总结。

收获与成长	
问题与困难	

任务评价

任务	评价项目	评价内容	评价维度		备注
			自评	他评	
固定资产折旧的核算	知识学习	1. 能准确地说出固定资产的折旧方法（5分）			
		2. 能准确地运用四种折旧方法计算固定资产的月折旧额（20分）			
		3. 能准确地背诵固定资产折旧业务的会计分录（5分）			
	技能训练	1. 能独立且正确地完成"小试牛刀"部分的练习（20分）			
		2. 能独立且正确地完成任务实施（20分）			
	素养提升	1. 按时上下课，并按要求完成课前作业及预习（10分）			
		2. 学习态度端正，积极参与课堂活动，工整、准确地记录笔记（10分）			
		3. 明确企业在进行固定资产折旧计算时，要遵循会计准则和法律法规，确保折旧的准确性和合法性（10分）			
	合计				

任务三　固定资产后续支出的核算

任务描述

永旭公司固定资产后续支出相关信息如表 4-3 所示。

表 4-3　永旭公司固定资产后续支出相关信息

名称	H 生产线	M 生产线	展销部（春江苑）	长城小型货车
残值率/%	5	5	2	3
使用部门	生产车间	生产车间	销售部	销售部
入账日期	19-12-29	19-12-15	20-2-20	18-12-3
原值/元	250 000	120 000	1 000 000	52 800
折旧方法	双倍余额递减法	年数总和法	年限平均法	工作量法
预计使用年限（总工作量）	5 年	5 年	10 年	50 万千米

永旭公司在 2024 年 1 月对生产线进行例行检修，H 生产线发生修理费 5 000 元、相应增值税 650 元，以银行存款支付；M 生产线发生修理费 400 元（为消耗的材料费）。当月小型货车运输途中发生故障，到维修中心进行维修，以微信转账方式支付维修费 500 元、相应增值税 65 元。当月经股东大会决议，拟对春江苑展销部进行重装改造，改造后的展销部预计寿命增加 5 年，展销厅增加两个。以银行存款支付拆除及清理费 40 000 元、相应增值税 5 200 元；以银行存款支付改造费用 330 000 元、相应增值税 42 900 元；改造领用工程物资 52 000 元，应付改造人员薪酬为 32 000 元，月底改造完成并投入使用。

请帮助永旭公司完成当月有关固定资产后续支出的会计处理。

任务解析

永旭公司 2024 年 1 月在生产线维修、货车维修和展销部更新改造过程中都发生了支出，这些支出的性质是不一样的，因此会计处理也不尽相同。请同学们完成本任务的学习，帮助永旭公司进行会计处理。

知识链接

固定资产后续支出是指固定资产在使用过程中发生的更新改造支出、修理费用等。固定

资产在使用过程中发生的日常修理费用、大修理费用、更新改造支出、房屋的装修费用等，都属于固定资产的后续支出。

固定资产后续支出

固定资产的后续支出，依据支出效用是否有利于延长固定资产使用寿命或提高其使用效益，分为费用化支出和资本化支出两种。固定资产投入使用后，可能发生局部损坏，为了维持固定资产的正常运转和使用，充分发挥其使用效益，企业需要对固定资产进行必要的维护和修理。固定资产因维护、修理而发生的后续支出，只是确保固定资产的正常工作状况，它并不导致固定资产改良或未来经济利益的增加，属于费用化支出。固定资产后续支出如使可能流入企业的经济利益超过了原先的估计，则应将其予以资本化，计入固定资产账面价值，故其属于资本化支出，如固定资产的改建、扩建、部件的换新、再安装及再组合等，其能导致企业未来经济利益的增加，应在发生时确认为资本化支出。

◇学习随想

请同学们想一想：可以从哪些方面判断固定资产更新改造后能导致企业未来经济利益增加？

一、费用化支出

费用化支出在发生时一次性直接记入当期损益，会计处理原则为：企业发生与专设销售机构相关的固定资产修理费用等后续支出，计入"销售费用"账户；企业生产车间（部门）和行政管理部门等发生的固定资产修理费用等后续支出，计入"管理费用"账户。会计分录如下。

借：销售费用/管理费用等

　　应交税费——应交增值税（进项税额）

　　贷：银行存款/原材料/应付职工薪酬等

案例分析

【例4-15】南阳公司对车间的一台供电设备进行日常修理，修理过程中发生修理费用4 000元、增值税520元，均以银行存款支付。会计分录如下。

借：管理费用　　　　　　　　　　　　　　　　　　　　　　　　4 000

　　应交税费——应交增值税（进项税额）　　　　　　　　　　　520

　　贷：银行存款　　　　　　　　　　　　　　　　　　　　　　4 520

◇**小试牛刀**

大正公司固定资产日常维修业务如下。

（1）以银行存款支付生产车间设备日常修理费用 10 000 元，增值税税率为 13%。

（2）销售部对设备进行日常修理，以银行存款支付修理费 1 200 元，增值税税率为 13%。

（3）厂部对设备进行日常修理，领用原材料 800 元，应付工人工资为 3 000 元。

要求：根据以上资料进行会计处理。

二、资本化支出

固定资产的更新改造等后续支出，满足固定资产确认条件的，应当记入固定资产成本，如有被替换的部分，应同时将被替换部分的账面价值从该固定资产原账面价值中扣除；不满足固定资产确认条件的固定资产修理费用等，应当在发生时记入当期损益。

企业发生固定资产资本化的后续支出时，应通过"在建工程"账户核算，具体处理程序及会计分录如下。

（1）转入改良时。

借：在建工程

累计折旧

　贷：固定资产

（2）发生改良支出时。

借：在建工程

　贷：银行存款/原材料/应付职工薪酬等

（3）完工达到预定可使用状态时。

借：固定资产

　贷：在建工程

案例分析

【例 4-16】南阳公司对生产厂房进行更新改造，房屋原值为 5 000 万元，已提折旧 500 万元；用银行存款支付更新改造支出 2 000 万元，更新改造后预计使用寿命延长 5 年，假设不考虑增值税。南阳公司应编制如下会计分录。

（1）转入改良时。

借：在建工程　　　　　　　　　　　　　　　　　　　　　　　　4 500 万

累计折旧　　　　　　　　　　　　　　　　　　　　　　　　500 万

　贷：固定资产　　　　　　　　　　　　　　　　　　　　　　　5 000 万

（2）发生改良支出时。

借：在建工程   2 000 万

    贷：银行存款   2 000 万

（3）完工达到预定可使用状态时。

借：固定资产   6 500 万

    贷：在建工程   6 500 万

◇小试牛刀

大正公司扩建其营业大厅，其账面原值为 800 000 元，已提折旧 200 000 元；在扩建过程中以银行存款支付拆除费用 50 000 元；残料变价收入 5 000 元，价款存入银行；另外以银行存款支付扩建工程款 100 000 元；该工程完工后交付使用。假设不考虑增值税。

要求：根据以上资料进行会计处理。

任务实施

请你根据所学知识完成任务描述中永旭公司的会计处理。

设备名称	会计分录	设备名称	会计分录
H 生产线		展销部	
M 生产线		长城小货车	

任务总结

请对本次工作任务实施过程进行总结。

收获与成长	
问题与困难	

任务评价

任务	评价项目	评价内容	评价维度		备注
			自评	他评	
固定资产后续支出的核算	知识学习	1. 能准确地说出固定资产后续支出的种类（5分）			
		2. 能准确地背诵费用化支出业务的会计分录（5分）			
		3. 能准确地背诵资本化支出业务的会计分录（20分）			
	技能训练	1. 能独立且正确地完成"小试牛刀"部分的练习（20分）			
		2. 能独立且正确地完成任务实施（20分）			
	素养提升	1. 按时上下课，并按要求完成课前作业及预习（10分）			
		2. 学习态度端正，积极参与课堂活动，工整、准确地记录笔记（10分）			
		3. 通过固定资产更新改造案例，培养节约意识（10分）			
	合计				

任务四　固定资产处置的核算

任务描述

2024年1月，永旭公司将行政部办公一体机出售，出售价款为3 000元，增值税税额为390元，款项收到并转入银行账户；以微信转账方式支付快递费50元、相应增值税3元，取得增值税专用发票。

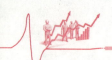
请完成出售该办公一体机的所有会计分录。

任务解析

企业在生产经营过程中，可能将不适用或不需用的固定资产对外出售转让、投资、捐赠，或因设备更新、使用期满等原因对原有固定资产进行报废，或因遭受自然灾害而报废、毁损固定资产，对于以上各种情况均需按照会计程序办理固定资产处置业务。

知识链接

一、固定资产处置的内容

固定资产处置是指对符合固定资产终止确认条件的固定资产进行冲销的会计处理，包括固定资产的出售、报废、毁损、对外投资、非货币性资产交换、债务重组等。

（一）固定资产终止确认的条件

固定资产满足下列条件之一的，应当予以终止确认。

（1）该固定资产处于处置状态。处于处置状态的固定资产不再用于生产商品、提供劳务、出租或经营管理，因此不再符合固定资产的定义，应予以终止确认。

（2）该固定资产预期通过使用或处置不能产生经济利益。

（二）"固定资产清理"账户

企业在处置固定资产环节应通过"固定资产清理"账户核算。"固定资产清理"账户核算企业因出售、报废、毁损、对外投资、非货币性资产交换、债务重组等原因转出的固定资产价值以及在固定资产清理过程中发生的各项收入和支出等。该账户借方登记转出的固定资产价值（原值-累计折旧）、固定资产清理过程中应支付的相关税费及其他费用，以及在固定资产清理完成时结转的净收益；贷方登记固定资产清理过程中产生的变价收入以及固定资产清理完成时结转的净损失；该账户在固定资产清理结束后一般无余额，若有期末余额则反映企业尚未清理完毕固定资产的价值。

二、固定资产处置的账务处理

固定资产处置一般涉及以下几个环节：固定资产转入清理、收回出售价款（变价收入或残料入库）、发生清理支出、确认各项赔偿和结转清理净损益等。

（一）固定资产转入清理

在固定资产清理之初应首先冲销该固定资产的原账面记录，即按固定资产原价，贷记"固定资产"账户；按已计提的累计折旧，借记"累计折旧"账户；将其差额借记"固定资产清理"账户。会计分录如下。

借：累计折旧
　　固定资产清理
　　贷：固定资产

案例分析

【例4-17】南阳公司出售一条生产线，原价为2 200 000元，已计提折旧1 000 000元，未计提减值准备。会计分录如下。

借：固定资产清理　　　　　　　　　　　　　　　　　　　　　　　1 200 000
　　累计折旧　　　　　　　　　　　　　　　　　　　　　　　　　　1 000 000
　　贷：固定资产　　　　　　　　　　　　　　　　　　　　　　　　　2 200 000

（二）收回出售价款（变价收入或残料入库）

处置固定资产过程中会发生各项收入，如出售价款、残料入库或变价收入等。确认各项收入时应贷记"固定资产清理""应交税费——应交增值税（销项税额）"账户，借记"银行存款""原材料"等账户。会计分录如下。

借：银行存款/原材料等
　　贷：固定资产清理
　　　　应交税费——应交增值税（销项税额）

案例分析

【例4-18】南阳公司出售生产线的实际售价为1 500 000元，增值税税率为13%，已通过银行收回价款。会计分录如下。

借：银行存款　　　　　　　　　　　　　　　　　　　　　　　　　1 695 000
　　贷：固定资产清理　　　　　　　　　　　　　　　　　　　　　　　1 500 000
　　　　应交税费——应交增值税（销项税额）　　　　　　　　　　　　　195 000

（三）发生清理支出

固定资产在处置过程中会发生一些清理费用，如拆卸费、清除费等，这些都属于清理支出。确认时，应借记"固定资产清理""应交税费——应交增值税（进项税额）"账户，贷记"银行存款"等账户。会计分录如下。

借：固定资产清理
　　应交税费——应交增值税（进项税额）

贷：银行存款

案例分析

【例4-19】南阳公司以银行存款支付生产线的拆除费用5 000元、增值税450元。会计分录如下。

借：固定资产清理 5 000

应交税费——应交增值税（进项税额） 450

贷：银行存款 5 450

（四）确认各项赔偿

固定资产因各种原因发生报废或毁损时，应由保险公司或过失人赔偿的损失，应贷记"固定资产清理"账户，借记"其他应收款"账户。会计分录如下。

借：其他应收款

贷：固定资产清理

（五）结转清理净损益

固定资产清理完成后，要首先确定处置净损益，计算方法如下：

固定资产处置净损益=固定资产清理账户贷方发生额-固定资产清理账户借方发生额

如果结果为正数，表示处置产生净收益；如果结果为负数，表示处置产生净损失。对清理净损益，应区分不同情况进行会计处理：属于生产经营期间正常的转让净损益，记入"资产处置损益"账户（收益记贷方，损失记借方）；属于自然灾害等非正常原因或正常报废造成的净损失借记"营业外支出"账户，净收益贷记"营业外收入"账户。会计分录如下。

借：营业外支出（报废净损失）

资产处置损益（出售净损失）

贷：固定资产清理

借：固定资产清理

贷：营业外收入（报废净收益）

资产处置损益 （出售净收益）

固定资产处置
净损益的核算

◇学习随想

请同学们想一想：为什么固定资产处置净收益不通过主营业务收入核算？

案例分析

【例4-20】南阳公司结转出售生产线的净损益。会计处理如下。

处置净损益＝1 500 000－（1 200 000＋5 000）＝295 000（元）＞0，故属于净收益。

　　借：固定资产清理　　　　　　　　　　　　　　　　　　　　　295 000
　　　　贷：资产处置损益　　　　　　　　　　　　　　　　　　　　　　295 000

【例4－21】南阳公司现有一台机床需要提前报废，原价为150 000元，已计提折旧100 000元，未计提减值准备。报废时的残料变价收入为10 000元，增值税税额为1 300元。报废清理过程中发生清理费用3 000元。有关收入、支出均通过银行办理结算。南阳公司应编制如下会计分录。

　　（1）转入清理时。

　　借：固定资产清理　　　　　　　　　　　　　　　　　　　　　50 000
　　　　累计折旧　　　　　　　　　　　　　　　　　　　　　　　100 000
　　　　贷：固定资产　　　　　　　　　　　　　　　　　　　　　　　150 000

　　（2）收回残料变价收入时。

　　借：银行存款　　　　　　　　　　　　　　　　　　　　　　　11 300
　　　　贷：固定资产清理　　　　　　　　　　　　　　　　　　　　　10 000
　　　　　　应交税费——应交增值税（销项税额）　　　　　　　　　　1 300

　　（3）支付清理费用时。

　　借：固定资产清理　　　　　　　　　　　　　　　　　　　　　3 000
　　　　贷：银行存款　　　　　　　　　　　　　　　　　　　　　　　3 000

　　（4）结转净损失。

清理净损失＝10 000－（50 000＋3 000）＝－43 000（元）＜0，故属于净损失。

　　借：营业外支出　　　　　　　　　　　　　　　　　　　　　　43 000
　　　　贷：固定资产清理　　　　　　　　　　　　　　　　　　　　　43 000

【例4－22】南阳公司因遭受意外火灾而毁损一座仓库，该仓库原价为5 000 000元，已计提折旧1 000 000元。其残料估计价值为50 000元，残料已办理入库。发生的清理费用为20 000元，以银行存款支付。经保险公司核定，应赔偿损失1 500 000元，尚未收到赔款。南阳公司应编制如下会计分录。

　　（1）转入清理时。

　　借：固定资产清理　　　　　　　　　　　　　　　　　　　　4 000 000
　　　　累计折旧　　　　　　　　　　　　　　　　　　　　　1 000 000
　　　　贷：固定资产　　　　　　　　　　　　　　　　　　　　　5 000 000

　　（2）残料入库时。

　　借：原材料　　　　　　　　　　　　　　　　　　　　　　　50 000
　　　　贷：固定资产清理　　　　　　　　　　　　　　　　　　　　　50 000

（3）支付清理费用时。

借：固定资产清理　　　　　　　　　　　　　　　　　　　　20 000

　　　贷：银行存款　　　　　　　　　　　　　　　　　　　　　　　20 000

（4）确认保险赔款时。

借：其他应收款——保险公司　　　　　　　　　　　　　　1 500 000

　　　贷：固定资产清理　　　　　　　　　　　　　　　　　　　　1 500 000

（5）结转净损失时。

清理净损失＝（50 000＋1 500 000）－（4 000 000＋20 000）＝－2 470 000（元）＜0，故属于净损失。

借：营业外支出　　　　　　　　　　　　　　　　　　　　2 470 000

　　　贷：固定资产清理　　　　　　　　　　　　　　　　　　　　2 470 000

◇ 小试牛刀

大正公司发生如下业务。

（1）转让生产设备一台，该设备原值为80 000元，已计提折旧40 000元；清理中以银行存款支付拆除费用2 000元、增值税260元；收取转让收入为70 000元，增值税税额为9 100元，款项存入银行。

（2）发生洪灾，导致一台设备报废，该设备原值为16 000元，已计提折旧8 000元，保险公司应赔偿5 000元。

要求：根据以上资料进行会计处理。

任务实施

请你根据所学知识完成任务描述中永旭公司的会计处理。

序号	会计分录	序号	会计分录
1		3	
2		4	

任务总结

请对本次工作任务实施过程进行总结。

收获与成长	
问题与困难	

任务评价

任务	评价项目	评价内容	评价维度		备注
			自评	他评	
固定资产处置的核算	知识学习	1. 能准确地说出固定资产处置业务的处理流程（5分）			
		2. 能准确地计算固定资产处置的净损益（5分）			
		3. 能准确地背诵固定资产处置业务的会计分录（20分）			
	技能训练	1. 能独立且正确地完成"小试牛刀"部分的练习（20分）			
		2. 能独立且正确地完成任务实施（20分）			
	素养提升	1. 按时上下课，并按要求完成课前作业及预习（10分）			
		2. 学习态度端正，积极参与课堂活动，工整、准确地记录笔记（10分）			
		3. 通过拓展学习固定资产弃置费用，树立环保意识（10分）			
	合计				

素养课堂

拒绝污染——促进人与自然和谐共生

近日①，日本北海道函馆市海岸出现了一场奇异景象，大量沙丁鱼如潮水般冲上沙滩，形

---

① 2023 年 12 月 7 日。

成了一片"鱼浪"，蔓延达1千米。这一奇异景象令当地居民震惊，鱼类的死因至今尚不明确，引起了广泛关注和质疑。

沙丁鱼死亡事件引发了广泛关注和猜测，有网友纷纷质疑这是否与日本持续排放核污水有关。福岛核电站第三批核污水即将排放的消息更是引起了人们对这一问题的深切担忧。日本政府计划在2023年内分4次排放3.12万吨核污水，而核污水的排放已经进行了3个多月。

日本政府曾在2015年承诺，在没有得到利益攸关方理解的情况下，不会对核污水采取任何处置措施。然而，时至今日，包括福岛县渔业组织在内的大量日本民众仍然强烈反对核污水排入大海决定（图4-1）。民调显示，88.1%的受访者担心核污水排海计划损害日本形象和潜在经济利益，81.9%的受访者认为政府的解释不充分。

这一系列事件不仅引起了国际社会的广泛担忧，也让人们对于人类活动对自然环境的影响产生了更多的思考。究竟是什么原因导致了如此规模的沙丁鱼死亡？核污水排放是否与之有关？这不仅是日本面临的难题，更是全球共同关注的环保话题。

图4-1　日本民众抗议核污水排入大海

【学原文】

党的二十大报告提出："大自然是人类赖以生存发展的基本条件。尊重自然、顺应自然、保护自然，是全面建设社会主义现代化国家的内在要求。必须牢固树立和践行绿水青山就是金山银山的理念，站在人与自然和谐共生的高度谋划发展。"

【悟原理】

随着经济的快速发展，企业的生产经营活动对人类的生存环境产生了巨大的影响。大多数企业为了追求经济利益最大化，只考虑当前的成本和利润，忽视了经营活动对社会环境的损害，进而导致了社会环境的恶化。我国对特殊行业的特殊固定资产引入了弃置费用来对其进行初始计量，这既符合我国当前循环经济和低碳经济的需要，也与国际会计准则接轨。

项目五

无形资产和其他长期资产的账务处理

项目导读

无形资产作为企业的一项长期资产，能给企业提供某种特殊的经济权利，有助于企业在较长时期内获取利润。无形资产虽然不像存货、建筑物、机器设备那样以具体的实物形态出现在人们面前，但在知识经济时代，它确实对于企业的持续发展起着不容忽视的作用。

目标导学

三维目标

知识目标
1. 能准确地说出无形资产的内容及分类
2. 能正确地背诵无形资产取得、摊销、处置的会计分录
3. 能正确地说出长期待摊费用的内容

技能目标
1. 能独立完成无形资产取得、摊销、处置等经济业务的账务处理
2. 能独立完成长期待摊费用的账务处理

素养目标
了解我国科技创新取得的新的历史性成就，明确科技是第一生产力

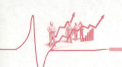

内容导览

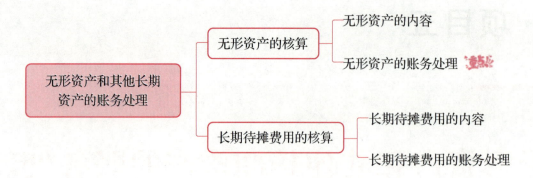

任务一　无形资产的核算

任务描述

永旭公司 5 年前购入一项专利权，用于生产新型车床，取得增值税专用发票，价款为 600 000元，增值税税额为 78 000 元，款项以银行存款支付；该专利权的使用期限为 10 年，采用年限平均法进行摊销；现在，由于该车床销路不佳，永旭公司决定调整生产战略，故将该专利权进行转让，转让价款为 320 000 元，增值税税额为 41 600 元，全部款项已收到并存入银行。

请帮助永旭公司完成关于专利权的全部会计处理。

任务解析

专利权属于企业的无形资产，从取得、使用到最后转让，每个环节都要进行会计处理。因此，完成上述任务需要编制 5 年前购入专利权、按月摊销和最后转让的会计分录。与转让固定资产一样，转让无形资产也要确定净损益，那么本任务中的处置行为到底是产生收益还是亏损呢？请同学们完成本任务的学习之后再来计算吧！

知识链接

无形资产是指企业拥有或控制的没有实物形态的可辨认非货币性资产。无形资产具有三个主要特征。

一是不具有实物形态。无形资产是不具有实物形态的非货币性资产，它不像固定资产、存货等有形资产那样具有实物形态。

二是具有可辨认性。无形资产能够从企业中分离或者划分出来，并能单独或者与相关合同、资产或负债一起，用于出售、转移、授予许可、租赁或者交换；源自合同性权利或其他法定权利，无论这些权利是否可以从企业或其他权利和义务中转移或者分离。商誉的存在无法与企业自身分离，不具有可辨认性，不属于无形资产。

三是属于非货币性长期资产。无形资产属于非货币性资产且能够在多个会计期间为企业带来经济利益。无形资产的使用年限在一年以上，其价值将在各个受益期间逐渐摊销。

一、无形资产的内容

无形资产一般包括专利权、非专利技术、商标权、著作权、土地使用权、特许权等。

（1）专利权。专利权是指国家专利主管机关依法授予发明创造专利申请人对其发明创造在法定期限内所享有的专有权利，包括发明专利权、实用新型专利权和外观设计专利权。

（2）非专利技术。非专利技术即专有技术或技术秘密、技术诀窍，是指先进的、未公开的、未申请专利、可以带来经济效益的技术及诀窍，包括未申请专利的技术成果、未授予专利权的技术成果、专利法规定不授予专利权的技术成果。

（3）商标权。商标是用来辨认特定的商品或劳务的标记，如果企业购买他人的商标，一次性支出费用较大的，可以将其资本化，作为无形资产管理。这时应该将购入商标的价款、支付的手续费及有关费用等作为商标的成本。

（4）著作权。著作权又称为版权，指作者对其创作的文学、科学和艺术作品依法享有的某些特殊权利。

（5）土地使用权。土地使用权指国家准许某企业在一定期间对国有土地享有开发、利用、经营的权利。企业取得土地使用权后，应将取得时发生的支出资本化作为土地使用权的成本，确认为无形资产。

（6）特许权。特许权又称为经营特许权、专营权，指企业在某一地区经营或销售某种特定商品的权利或一家企业接受另一家企业使用其商标、商号、技术秘密等的权利。

无形资产的内容

二、无形资产的账务处理

为了反映和监督无形资产的取得、摊销和处置等情况，企业应当设置"研发支出""无形资产""累计摊销"等账户进行核算（表5-1）。

表5-1 账户设置

账户名称	研发支出	无形资产	累计摊销
核算内容	无形资产研发过程中发生的所有支出	企业持有的无形资产的成本	企业对使用寿命有限的无形资产计提的累计摊销额
账户性质	成本类（借增贷减）	资产类（借增贷减）	资产备抵账户（借减贷增）
结构	借方登记实际发生的研发支出，贷方登记转为"无形资产"或"管理费用"的金额，借方余额反映企业正在进行的研究开发项目的支出	借方登记取得无形资产的成本，贷方登记出售无形资产转出的无形资产账面余额，期末借方余额反映企业持有无形资产的总成本	贷方登记企业计提的无形资产摊销额，借方登记处置无形资产转出的累计摊销，期末贷方余额反映企业无形资产已计提的累计摊销额

"研发支出"账户应根据是否满足资本化确认条件设置"研发支出——资本化支出"和"研发支出——费用化支出"明细账户。

（一）无形资产的取得

无形资产应按成本进行初始计量。企业取得无形资产的主要方式有外购、自行研究开发等。无形资产的取得方式不同，其会计处理也有所差别。

1. 外购无形资产

外购无形资产的成本包括购买价款、相关税费以及直接归属于使该项资产达到预定用途前所发生的其他支出。会计分录如下。

借：无形资产
　　应交税费——应交增值税（进项税额）
　　贷：银行存款

案例分析

【例5-1】南阳公司购入一项非专利技术，支付的买价和有关费用合计260 000元，增值税税额为15 600元，款项以银行存款支付。南阳公司应编制如下会计分录。

借：无形资产——非专利技术　　　　　　　　　　　　　　　　　260 000
　　应交税费——应交增值税（进项税额）　　　　　　　　　　　　15 600
　　贷：银行存款　　　　　　　　　　　　　　　　　　　　　　275 600

2. 自行研究开发无形资产

自行研发的无形资产成本包括从满足资本化条件的时点至无形资产达到预定用途前所发生的可直接归属于该无形资产的创造、生产并使该无形资产能够以管理层预定的方式运作的必要支出总和。企业自行研究开发无形资产分为两个阶段：研究阶段和开发阶段。研究阶段

的支出属于费用化支出，发生时计入"研发支出——费用化支出"账户，期末转入当期管理费用。开发阶段的支出要区分是否符合资本化条件，符合资本化条件的，发生时先计入"研发支出——资本化支出"账户，研发完成时全部转入"无形资产"账户；不符合资本化条件的，同研究阶段的支出一样最终计入当期管理费用。如果无法可靠区分研究阶段的支出和开发阶段的支出，则应将其所发生的研发支出全部费用化，计入"管理费用"账户。会计分录如下。

（1）支出发生时。

借：研发支出——费用化支出　　　　　　　　　　　（不满足资本化条件的支出）
　　　　　　——资本化支出　　　　　　　　　　　（满足资本化条件的支出）
　　贷：原材料/银行存款/应付职工薪酬等

（2）期末将费用化支出转入管理费用时。

借：管理费用
　　贷：研发支出——费用化支出

（3）无形资产开发完成时。

借：无形资产
　　贷：研发支出——资本化支出

案例分析

【例5-2】南阳公司自行研究、开发一项专利，在研究阶段发生支出400 000元，其中领用材料230 000元、人工费160 000元，用银行存款支付其他费用10 000元。南阳公司应编制如下会计分录。

（1）发生支出时。

借：研发支出——费用化支出　　　　　　　　　　　　　　　　400 000
　　贷：原材料　　　　　　　　　　　　　　　　　　　　　　230 000
　　　　应付职工薪酬　　　　　　　　　　　　　　　　　　　160 000
　　　　银行存款　　　　　　　　　　　　　　　　　　　　　 10 000

（2）年末结转费用化支出时。

借：管理费用　　　　　　　　　　　　　　　　　　　　　　　400 000
　　贷：研发支出——费用化支出　　　　　　　　　　　　　　400 000

【例5-3】第二年，南阳公司宣布专利的研发正式进入开发阶段，当年共发生开发支出2 000 000元，其中领用材料800 000元，人工费500 000元，用银行存款支付其他费用700 000元。假设全部支出中有1 400 000元符合资本化条件。南阳公司应编制如下会计分录。

发生各项支出时。

借：研发支出——费用化支出　　　　　　　　　　　　　600 000

　　　　　——资本化支出　　　　　　　　　　　　　1 400 000

　　贷：原材料　　　　　　　　　　　　　　　　　　　　800 000

　　　　应付职工薪酬　　　　　　　　　　　　　　　　　500 000

　　　　银行存款　　　　　　　　　　　　　　　　　　　700 000

【例5-4】承例5-3，南阳公司专利研发结束，最终开发出一项专利技术。南阳公司应编制如下会计分录。

借：无形资产　　　　　　　　　　　　　　　　　　　1 400 000

　　贷：研发支出——资本化支出　　　　　　　　　　　1 400 000

借：管理费用　　　　　　　　　　　　　　　　　　　　600 000

　　贷：研发支出——费用化支出　　　　　　　　　　　　600 000

◇小试牛刀

（1）大正公司自行研究、开发一项技术，在研究阶段共发生支出合计200 000元（用银行存款支付）。开发阶段发生开发支出300 000元（材料支出）。假设全部符合资本化条件。一年后研发活动结束，最终开发出一项非专利技术。

（2）大正公司的董事会批准研发某项新型技术，该公司在研究开发过程中发生材料费3 000 000元、人工费5 000 000元、其他支出500 000元（用银行存款支付），总计8 500 000元。其中，符合资本化条件的支出为6 000 000元。最终，该项新型技术研发完成并达到预定用途。

要求：根据以上业务编制会计分录。

（二）无形资产摊销

企业应当于取得无形资产时分析判断其使用寿命，使用寿命有限的无形资产应进行摊销，使用寿命不确定的无形资产不应摊销。无形资产摊销的起止时间，为自可供使用（达到预定用途）时起，至不再作为无形资产确认时止。当月增加的无形资产，当月开始摊销；当月减少的无形资产，当月不再摊销。企业选择的无形资产摊销方法应当反映与该项无形资产有关的经济利益的预期实现方式。无法可靠确定预期实现方式的，应当采用直线法摊销。具体摊销方法如下：

无形资产月摊销额＝（无形资产原值－预计净残值）÷预计使用年限÷12

无形资产的摊销金额一般应当记入当期损益，如管理费用、销售费用、其他业务成本等；若某项无形资产所包含的经济利益是通过所生产的产品或其他资产实现的，则其摊销金额就应当记入相关资产的成本。会计分录如下。

借：管理费用/销售费用/其他业务成本等

　　贷：累计摊销

案例分析

【例5-5】南阳公司拥有一项特许权，其成本为480 000元，合同规定受益年限为10年（无净残值）。南阳公司应编制如下会计分录。

公司无形资产每月摊销额＝480 000÷10÷12＝4 000（元）

借：管理费用　　　　　　　　　　　　　　　　　　　　　　4 000
　　贷：累计摊销　　　　　　　　　　　　　　　　　　　　　　　4 000

◇**学习随想**

请你想一想：固定资产计提折旧和无形资产摊销的起止时间有什么不同？

（三）无形资产出租

企业不需用的无形资产可以对外出租，租金收入记入其他业务收入，每月摊销额则计入其他业务成本。会计分录如下。

借：银行存款/其他应收款
　　贷：其他业务收入
　　　　应交税费——应交增值税（销项税额）
借：其他业务成本
　　贷：累计摊销

案例分析

【例5-6】南阳公司将一项商标权对外出租，1月租金收入为40 000元，增值税税额为2 400元，开出增值税专用发票一张，租金及税款已收到并存入银行；当月该商标权应摊销额为1 500元。南阳公司应编制如下会计分录。

借：银行存款　　　　　　　　　　　　　　　　　　　　42 400
　　贷：其他业务收入　　　　　　　　　　　　　　　　　　40 000
　　　　应交税费——应交增值税（销项税额）　　　　　　　　2 400
借：其他业务成本　　　　　　　　　　　　　　　　　　　1 500
　　贷：累计摊销　　　　　　　　　　　　　　　　　　　　　1 500

◇**小试牛刀**

（1）大正公司从外单位购入一项专利权，成本为6 000 000元，增值税税率为6%，以银行存款支付全部款项。该专利权预计使用寿命为5年。

（2）大正公司向乙企业转让一项专利的使用权。使用费按月支付，每月支付3 000元，增值税税率为6%，该专利权每月摊销额为2 000元。假设当月收到租金并存入银行。

要求：编制大正公司关于专利权的会计分录。

（四）无形资产处置

企业将不使用或不需用的无形资产出售时，应当将取得的价款扣除该无形资产账面价值以及出售时发生的相关税费后的差额，确认为处置非流动资产利得或损失，计入当期资产处置损益。如果某项无形资产预期不能为企业带来经济利益，则应将其报废并予以转销，其账面价值转作营业外支出。会计分录如下。

1. 无形资产报废

借：银行存款 　　　　　　　　　　　　　　（取得变价收入）
　　累计摊销 　　　　　　　　　　　　　　（已摊销额）
　　营业外支出 　　　　　　　　　　　　　（净损失，差额）
　　贷：无形资产 　　　　　　　　　　　　（原值）
　　　　营业外收入 　　　　　　　　　　　（净收益，差额）

2. 无形资产出售（转让所有权）

借：银行存款 　　　　　　　　　　　　　　（取得价款）
　　累计摊销 　　　　　　　　　　　　　　（已摊销额）
　　资产处置损益 　　　　　　　　　　　　（净损失，差额）
　　贷：无形资产 　　　　　　　　　　　　（原值）
　　　　资产处置损益 　　　　　　　　　　（净收益，差额）
　　　　应交税费——应交增值税（销项税额）

案例分析

【例5-7】南阳公司转让一项专利权，与此有关的资料如下：该专利权的原值为500 000元，已摊销200 000元，取得转让价款280 000元，增值税税率为6%，该款项已存入银行。假设不考虑其他因素。南阳公司应编制如下会计分录。

借：银行存款 　　　　　　　　　　　　　　　　　　　296 800
　　累计摊销 　　　　　　　　　　　　　　　　　　　200 000
　　资产处置损益 　　　　　　　　　　　　　　　　　 20 000
　　贷：无形资产 　　　　　　　　　　　　　　　　　　　　500 000
　　　　应交税费——应交增值税（销项税额） 　　　　　　　 16 800

◇小试牛刀

大正公司出售一项专有技术，该项专有技术的账面原值为 2 000 000 元，已计提累计摊销 900 000 元。收到出售价款 1 000 000 元、增值税 60 000 元并存入银行。

要求：根据以上业务编制大正公司会计分录。

任务实施

请你根据所学知识完成任务描述中永旭公司的会计处理。

序号	业务关键词	会计分录
1	取得专利权时	
2	摊销时	
3	转让时	

任务总结

请对本次工作任务实施过程进行总结。

收获与成长	
问题与困难	

任务评价

任务	评价项目	评价内容	评价维度		备注
			自评	他评	
无形资产的核算	知识学习	1. 能准确地说出无形资产的内容（10分）			
		2. 能准确地背诵无形资产取得的会计分录（10分）			
		3. 能准确地背诵无形资产摊销、处置的会计分录（10分）			
	技能训练	1. 能独立且正确地完成"小试牛刀"部分的练习（20分）			
		2. 能独立且正确地完成任务实施（20分）			
	素养提升	1. 按时上下课，并按要求完成课前作业及预习（10分）			
		2. 学习态度端正，积极参与课堂活动，工整、准确地记录笔记（10分）			
		3. 了解我国科技创新取得的新的历史性成就，明确科技是第一生产力（10分）			
	合计				

任务二 长期待摊费用的核算

任务描述

永旭公司2年前以经营租赁方式租入一台生产设备，租期为6年。由于生产强度较大，永旭公司决定每隔2年进行一次大型维修。今年5月，该设备达到第一次维修年限，经核算共发生修理支出480 000元，其中领用材料2 000元，以银行存款支付其他费用478 000元。

请完成永旭公司今年5月关于上述修理费的相关会计处理。

任务解析

项目四"固定资产的核算"介绍了固定资产的日常维修费用在发生时直接计入当期损益，有些企业，尤其是大型工业企业，还可能定期对设备进行大型维修，大型维修往往耗时较长，费用也较高，因此其会计处理不同于日常维修。本任务中永旭公司对生产设备的维修就属于大型维修，请同学们完成本任务的学习，并帮助永旭公司进行会计处理。

知识链接

一、长期待摊费用的内容

长期待摊费用是企业已经发生但应由本期和以后各期负担的分摊期限在 1 年以上（不含 1 年）的各项费用，包括租入固定资产的改良支出以及摊销期在 1 年以上的固定资产大修理支出、股票发行费用等。长期待摊费用具有以下特征。

（1）长期待摊费用属于长期资产。

（2）长期待摊费用是企业已经支出的各项费用。

（3）长期待摊费用应能使企业在以后的会计期间受益。

二、长期待摊费用的账务处理

为了反映和监督长期待摊费用的发生、摊销和结存情况，企业应设置"长期待摊费用"账户，该账户借方登记各项支出，贷方登记长期待摊费用的摊销额。

长期待摊费用应当单独核算，在费用项目的受益期限内分期平均摊销。如果长期待摊费用项目不能使企业在以后的会计期间受益，应当将尚未摊销的该项目的摊余价值全部转入当期损益。常用会计分录如下。

（1）发生支出时。

借：长期待摊费用

　　贷：银行存款

（2）每月摊销时。

借：管理费用/制造费用等

　　贷：长期待摊费用

案例分析

【例 5-8】南阳公司采用经营租赁方式租入仓库一间，租期为 5 年。租赁合同规定，房屋装修及修理费由承租方负责。南阳公司租入仓库后用银行存款支付装修费 120 000 元，在租赁期内平均摊销。南阳公司应编制如下会计分录。

（1）支付装修支出时。

借：长期待摊费用——租入固定资产改良支出　　　　　　　　　　　　120 000

　　贷：银行存款　　　　　　　　　　　　　　　　　　　　　　　　　　120 000

（2）每月摊销时。

摊销额＝120 000÷5÷12＝2 000（元）

借：管理费用   2 000

    贷：长期待摊费用——租入固定资产改良支出   2 000

◇小试牛刀

大正公司筹建期间共发生如下费用（开办费）：筹建期人员工资 20 000 元、办公费用 5 000 元、培训费用 45 000 元、差旅费用 4 300 元、其他费用 2 500 元。除工资外，所有费用均以银行存款支付。按大正公司规定，开办费要在开业后的 4 年内按月平均分摊。

要求：根据以上业务编制发生开办费、首月摊销开办费的会计分录。

任务实施

请你根据所学知识完成任务描述中永旭公司的会计处理。

序号	业务关键词	会计分录
1	5 月发生修理费时	
2	5 月摊销时	
3	6 月摊销时	

任务总结

请对本次工作任务实施过程进行总结。

收获与成长	
问题与困难	

任务评价

任务	评价项目	评价内容	评价维度		备注
			自评	他评	
长期待摊费用的核算	知识学习	1. 能准确地判断长期待摊费用的范围（15分）			
		2. 能准确地说出长期待摊费用的会计分录（15分）			
	技能训练	1. 能独立且正确地完成"小试牛刀"部分的练习（20分）			
		2. 能独立且正确地完成任务实施（20分）			
	素养提升	1. 按时上下课，并按要求完成课前作业及预习（15分）			
		2. 学习态度端正，积极参与课堂活动，工整、准确地记录笔记（15分）			

素养课堂

我国科技创新取得新的历史性成就——坚持科技是第一生产力

"9年来，从天宫（图5-1）、北斗（图5-2）、嫦娥（图5-3）到天和、天问（图5-4）、羲和号（图5-5），我国航天不断创造新的历史，一大批航天青年挑大梁、担重任，展现了新时代中国青年奋发进取的精神风貌。"

图5-1　"天宫"空间站

图5-2　"北斗"导航卫星

图5-3　"嫦娥"探月工程

图5-4　"天问"行星探测任务

图5-5　"羲和号"试验卫星

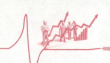

2022 年 5 月 2 日，在五四青年节到来之际，习近平总书记给我国航天科技集团空间站建造青年团队回信，盛赞我国航天事业近年来取得的重大成就，勉励他们为我国航天科技实现高水平自立自强再立新功。我国载人航天向着星辰大海不断进发，是我国科技事业勇攀高峰的生动写照，是新时代高水平科技自立自强的充分体现。

今天，放眼神州大地，"中国芯""智能造""未来车""数据港"等硬核技术加快发展，科技创新按下"快进键"，中国全面塑造高质量发展新优势，向着世界科技强国的宏伟目标大步迈进。

（出处：求是网 2022. 5. 10）

【学原文】

党的二十大报告提出："教育、科技、人才是全面建设社会主义现代化国家的基础性、战略性支撑。必须坚持科技是第一生产力、人才是第一资源、创新是第一动力，深入实施科教兴国战略、人才强国战略、创新驱动发展战略，开辟发展新领域新赛道，不断塑造发展新动能新优势。"

【悟原理】

科技兴则国家兴，科技强则国家强。蕴含自主知识产权的先进科技，是一个国家的"定海神针"。只有把核心技术掌握在自己手中，才能真正掌握竞争和发展的主动权。在国际竞争日趋激烈的今天，谁掌握了先进科技的高地，谁就有话语权。"十四五"规划纲要提出"坚持创新在我国现代化建设全局中的核心地位，把科技自立自强作为国家发展的战略支撑"。为了全面实行这一战略，国家出台了一系列税收优惠政策，如"延续执行企业研发费用加计扣除75%政策，将制造业企业加计扣除比例提高到 100%"。国家用税收优惠机制激励企业加大研发投入，着力推动企业以创新引领发展。

项目六

职工薪酬的账务处理

项目导读

项目导读

　　职工薪酬是指企业为获得职工提供的服务而给予各种形式的报酬及其他相关支出，主要包括以下内容：职工工资、奖金、津贴和补贴，职工福利，社会保险费，住房公积金，工会经费和职工教育经费，非货币性福利，辞退福利，其他与获得职工提供的服务相关的支出。

目标导学

三维目标

知识目标
1 能准确地说出应付职工薪酬账户的内容及结构
2 能正确地完成应付职工薪酬的计算
3 能准确地背诵货币性职工薪酬的相关会计分录
4 能准确地背诵非货币性职工薪酬的相关会计分录

技能目标
1 能独立完成货币性职工薪酬的账务处理
2 能独立完成非货币性职工薪酬的账务处理

素养目标
1 明确视同销售业务的处理是为了防止企业偷税漏税，树立依法纳税意识
2 了解全民医保制度，明确建立社会保障体系的作用，增强制度认同感

内容导览

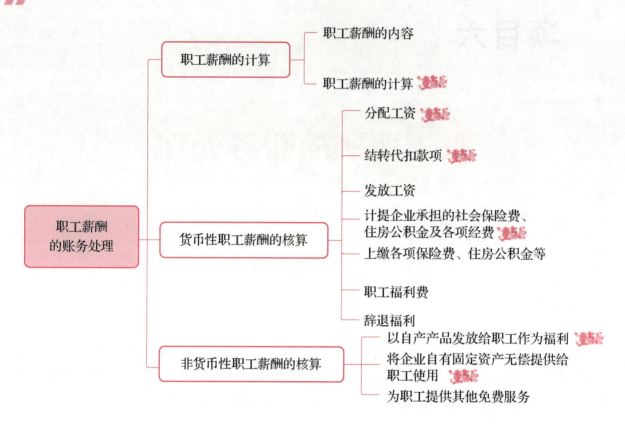

任务一　职工薪酬的计算

任务描述

永旭公司3月工资结算表如表6-1所示。

表6-1　工资结算表

部门：生产一部　　　　　　　　　　　　　　　　　　　　　　　　　　　　　　单位：元

姓名	职务	基本工资	岗位津贴	全勤奖金	加班工资	计件工资	应扣工资		应付工资	代扣款项			实发工资
							请假扣款	缺勤扣款		社会保险	住房公积金	小计	
李之楠	经理	5 200	2 400										
张中伟	维修人员	3 400	1 100										
孙智	维修人员	2 700	1 100										
陈朋	生产工人	4 500											

续表

姓名	职务	基本工资	岗位津贴	全勤奖金	加班工资	计件工资	应扣工资		应付工资	代扣款项			实发工资
							请假扣款	缺勤扣款		社会保险	住房公积金	小计	
刘音	生产工人	1 700											
王悦	生产工人	2 700											
张天阳	生产工人	3 200											
李东生	生产工人	5 100											
祁艳晶	生产工人	5 100											
王璞	生产工人	2 700											
合计													

（1）全勤奖每月 200 元，若请假则全部扣除。

（2）日工资计算依据为基本工资，月计薪天数为 21.75 天。

（3）事假按日工资的 50% 扣除，病假按日工资的 10% 扣除，缺勤按日工资的 100% 扣除。

（4）保险代扣比例：养老保险 8%、医疗保险 2%、失业保险 0.5%、住房公积金 8%。

（5）假设不考虑个人所得税。

（6）出勤情况：刘音请病假 2 天，李东生旷工 3 天，孙智周末加班 2 天，张中伟法定节假日加班 1 天，其他人正常出勤。

（7）单位计件工资为 1.4 元，生产工人生产产量统计情况如表 6-2 所示。

表 6-2　产量统计 　　　　　　　　　　　　　　　　　　单位：件

姓名	生产数量	料废品	工废品
陈朋	1 200	20	5
刘音	1 202		8
王悦	980	4	
张天阳	796		2
李东生	690		5
祁艳晶	880		
王璞	932		2

请你根据以上资料，计算永旭公司生产一部每位职工的工资，并填写工资结算表。

任务解析

应付职工薪酬项目比较多，计算方法各不相同，且关系到每位职工的利益，因此需要熟练掌握有关职工薪酬的计算方法，这样才能顺利完成本任务。

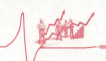
知识链接

一、职工薪酬的内容

职工薪酬包括短期薪酬、离职后福利、辞退福利和其他长期职工福利四项。

（一）短期薪酬

短期薪酬是指企业在职工提供相关服务的年度报告期间结束后12个月内需要全部予以支付的职工薪酬，因解除与职工的劳动关系给予的补偿除外。短期薪酬具体包括：职工工资、奖金、津贴和补贴，职工福利费，医疗保险费、工伤保险费等社会保险费，住房公积金，工会经费和职工教育经费，短期带薪缺勤，短期利润分享计划，非货币性福利以及其他短期薪酬。

（1）职工工资、奖金、津贴和补贴，是指按照国家统计局的规定构成工资总额的计时工资、计件工资、支付给职工的超额劳动报酬和增收节支的劳动报酬、为了补偿职工特殊或额外的劳动消耗和因其他特殊原因支付给职工的津贴，以及为了保证职工工资水平不受影响支付给职工的物价补贴等。

（2）职工福利费，是指向职工提供的生活困难补助、丧葬补助、抚恤费、职工异地安家费、防暑降温费等职工福利支出。

（3）医疗保险费、工伤保险费等社会保险费，是指企业按照国家规定的基准和比例计算，向社会保险经办机构缴纳的医疗保险费、工伤保险费等。

短期薪酬的内容

（4）住房公积金，是指企业按照国家规定的基准和比例计算，向住房公积金管理机构缴存的住房公积金。

（5）工会经费和职工教育经费，是指企业为了改善职工的文化生活、使职工学习先进技术和提高文化水平与业务素质，用于开展工会活动和职工教育及职业技能培训等的相关支出。

（6）短期带薪缺勤，是指职工虽然缺勤但企业仍向其支付的报酬，包括职工年休假、病假、婚假、产假、丧假、探亲假等期间获得的报酬。长期带薪缺勤属于其他长期职工福利。

（7）短期利润分享计划，是指因职工提供服务而与职工达成的基于利润或其他经营成果提供薪酬的协议。长期利润分享计划属于其他长期职工福利。

（8）其他短期薪酬，是指除上述薪酬以外的其他为获得职工提供的服务而给予的短期薪酬。

（二）离职后福利

离职后福利，是指企业为获得职工提供的服务而在职工退休或与企业解除劳动关系后提

供的各种形式的报酬和福利，短期薪酬和辞退福利除外。

（三）辞退福利

辞退福利，是指企业在职工劳动合同到期之前解除与职工的劳动关系，或者为鼓励职工自愿接受裁减而给予职工的补偿。

（四）其他长期职工福利

其他长期职工福利，是指除短期薪酬、离职后福利、辞退福利之外所有的职工薪酬，包括长期带薪缺勤、长期残疾福利、长期利润分享计划等。

二、职工薪酬的计算

工资总额是指各单位在一定时期内直接支付给本单位全部职工的劳动报酬总额。工资总额由下列六个部分组成：计时工资、计件工资、奖金、加班加点工资、津贴和补贴以及特殊情况下支付的工资。

（一）计时工资

计时工资是指按照劳动者的工作时间来计算工资的一种方式。计时工资可分为年薪制、月薪制、周薪制、日薪制和钟点工资制。目前我国大多数企业都采用月薪制。月薪制下的计时工资的计算原则：职工若全勤，就可以得到固定的月标准工资；职工若有缺勤，则按规定标准扣除相应工资。在计算缺勤扣款时要先计算日标准工资，计算公式如下：

$$月计薪天数＝（365-104）÷12≈21.75（天）$$

$$日工资＝月标准工资÷21.75$$

$$缺勤应扣工资＝缺勤天数×日工资×扣除比例$$

$$应付工资＝月标准工资-缺勤应扣工资$$

案例分析

【例6-1】南阳公司职工李雪的月工资标准为2 480元，2024年1月李雪请事假4天、病假2天。根据李雪的工龄，其病假工资扣除标准为60%，事假工资的扣除标准为90%。李雪1月的计时工资如下：

$$日工资＝2 480÷21.75≈114.02（元）$$

$$病假应扣工资＝2×114.02×60%≈136.82（元）$$

$$事假应扣工资＝4×114.02×90%≈410.47（元）$$

$$应付工资＝2 480-136.82-410.47＝1 932.71（元）$$

◇ **小试牛刀**

大正公司职工王强月工资标准为3 000元，该月王强请事假3天，工资扣除标准为70%。

要求：计算王强当月的计时工资。

（二）计件工资

计件工资是根据职工当月产量记录中的计件产量和规定的单位计件工资计算的工资。计件产量包括实际完成的合格品的数量和生产过程中原材料不合格造成的废品（料废）数量，加工人员的过失造成的废品（工废），则不计算支付工资。其计算公式如下：

$$应付计件工资 = \sum（某工人本月生产每种产品计件产量 \times 该种产品计件单位工资）$$

$$计件产量 = 完工产品数量 - 工废品数量$$

或

$$计件产量 = 合格品数量 + 料废品数量$$

案例分析

【例6-2】 南阳公司生产工人张瑛本月生产加工M型零件200件，计件单位工资为6.5元；生产加工L型零件300件，计件单位工资为9.8元。经检验M型零件料废品为5件，L型零件工废品为12件。张瑛的计件工资如下：

$$M型零件计件工资 = 200 \times 6.5 = 1\ 300（元）$$

$$L型零件计件工资 = (300 - 12) \times 9.8 = 2\ 822.4（元）$$

$$应付计件工资 = 1\ 300 + 2\ 822.4 = 4\ 122.4（元）$$

◇ **小试牛刀**

大正公司职工张铭本月生产A、B两种产品。A产品完工验收的合格品为12件，料废品为3件，工废品为1件，其计件单价为85元；B产品完工验收的合格品为30件，料废品为5件，工废品为1件，其计件单价为60元。

要求：计算张铭本月的计件工资。

（三）加班加点工资

加班加点工资，是指企业在国家法定工作时间的基础上，延长职工工作时间而支付给职工的劳动报酬。实行标准工时制的，加班是指休息日和法定节假日上班时间，加点是指每天超过8小时之外的上班时间。

（1）正常工作日内延长工作时间。对于正常工作日内延长工作时间的加班加点工资，应按小时工资的1.50倍支付工资，或者按"做一小时还一小时"的方式安排补休。

（2）休息日加班工作。对职工在休息日加班的，或者按"做一休一"调休，或者按2倍支付日或小时工资。

（3）法定节假日加班工作。法定节假日安排职工工作的，按3倍支付日或小时工资。

案例分析

【例6-3】承例6-1，南阳公司职工李雪春节加班3天，则其加班工资如下：

$$加班工资 = 3×114.02×3 = 1\ 026.18\ （元）$$

（四）代扣款项的计算

职工的各项社会保险费和住房公积金由职工个人和单位共同承担，对于职工个人承担的部分需在每月发放工资前从职工应付工资总额中扣除，同时根据税法要求企业还负责代扣代缴职工应交的个人所得税，因此代扣款项包括社会保险费、住房公积金、个人所得税三项。

$$代扣社会保险费和住房公积金 = 应付职工薪酬×代扣比例$$

各种社会保险费和住房公积金的扣除比例不同地区有一定差异，企业应根据当地统一要求代扣。

代扣个人所得税为依据个人所得税法计算的职工每月应纳个人所得税额。

【例6-4】南阳公司职工黄小雨1月工资收入为8 200元，医疗保险金、失业保险金和住房公积金的缴纳比例分别为2%、1%、8%，其代扣款项如下（假设不考虑个人所得税）：

$$代扣医疗保险金 = 8\ 200×2\% = 164\ （元）$$

$$代扣失业保险金 = 8\ 200×1\% = 82\ （元）$$

$$代扣住房公积金 = 8\ 200×8\% = 656\ （元）$$

◇小试牛刀

　　大正公司职工李阳1月工资收入为12 000元，医疗保险金、失业保险金和住房公积金的交纳比例分别为2%、1%、8%。

　　要求：计算李阳1月的各项代扣款项金额（假设不考虑个人所得税）。

◇学习随想

　　请同学们想一想：企业代扣的各种款项最终应该如何处理？

（五）应付工资与实发工资的计算

应付工资为职工的工资总额，实发工资为职工实际拿到手的工资总额。应付工资和实发工资往往不相等，因为有些应该由职工个人负担的费用或代垫款项，需要从职工应付工资总额中扣除。计算公式如下：

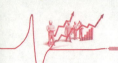

应付工资＝计时工资+计件工资+奖金+津贴和补贴+加班加点工资+特殊情况下的工资

实发工资＝应付工资−代扣款项−代垫费用

案例分析

【例6−5】南阳公司职工李旭月基本工资为1 900元，本月生产性奖金为200元，岗位津贴为600元，物价补贴为200元，夜班津贴为140元。代垫费用有：水电费70元、煤气费120元。代扣款项有：社会保险费和住房公积金合计320元（不考虑个人所得税）。其本月应付工资和实发工资分别如下：

应付工资＝1 900+200+600+200+140＝3 040（元）

实发工资＝3 040−70−120−320＝2 530（元）

任务实施

请你根据所学知识计算完成任务描述中永旭公司的工资结算表。

任务总结

请对本次工作任务实施过程进行总结。

收获与成长	
问题与困难	

任务评价

任务	评价项目	评价内容	评价维度		备注
			自评	他评	
职工薪酬的计算	知识学习	1. 能准确地说出应付职工薪酬的内容（10分）			
		2. 能正确地计算应付职工薪酬（20分）			
	技能训练	1. 能独立且正确地完成"小试牛刀"部分的练习（20分）			
		2. 能独立且正确地完成任务实施（20分）			
	素养提升	1. 按时上下课，并按要求完成课前作业及预习（10分）			
		2. 学习态度端正，积极参与课堂活动，工整、准确地记录笔记（10分）			
		3. 通过工资结算表的计算感受工资计算工作的复杂性，养成细心认真的工作态度（10分）			
	合计				

任务二　货币性职工薪酬的核算

任务描述

在任务一中完成了永旭公司工资结算表的填写，请你依据工资结算表完成该公司的相关会计处理（假设工资全部通过银行转账发放）。

任务解析

会计人员的主要任务是记账，因此月末要依据工资结算表进行会计处理，主要包括以下内容：分配工资，结转代扣款项，发放工资，计提企业承担的社会保险费、住房公积金和各项经费，上缴各项保险费、住房公积金。

知识链接

货币性职工薪酬是企业以货币形式支付给职工或为职工支付的各项薪酬，如支付的工资，上缴的保险费和住房公积金、工会经费和职工教育经费，支付的职工福利支出等。企业通过"应付职工薪酬"账户核算应付职工薪酬的提取、结算、使用等情况，按照"工资、奖金、津贴和补贴""职工福利""社会保险费""住房公积金""工会经费""职工教育经费""解除职工劳动关系补偿""非货币性福利"等应付职工薪酬项目进行明细核算。该账户贷方登记各项应付职工薪酬金额，借方登记实际支付的职工薪酬，期末一般没有余额，如果有余额则在贷方，表示尚未支付的职工薪酬。

一、分配工资

企业应当在职工为其提供服务的会计期间，根据职工提供服务的受益对象，将应确认的工资、奖金、津贴和补贴记入相关资产成本或当期损益，同时确认应付职工薪酬。一般会计分录如下。

借：生产成本　　　　　　　　　　　　　　　　（生产工人的薪酬）

制造费用　　　　　　　　　　　　　　　　（车间管理人员的薪酬）

管理费用　　　　　　　　　　　　　　　　（行政管理人员的薪酬）

销售费用　　　　　　　　　　　　　　　　（专设销售机构人员的薪酬）

在建工程　　　　　　　　　　　　　　　　（由在建工程负担的薪酬）

研发支出　　　　　　　　　　　　　　　　（由研发支出负担的职工薪酬）

贷：应付职工薪酬——工资　　　　　　　　　（应付工资）

案例分析

【例6-6】南阳公司本月应付工资总额为693 000元，工资费用分配汇总表中列示的产品生产人员工资为480 000元，车间管理人员工资为105 000元，企业行政管理人员工资为90 600元，销售人员工资为17 400元。相关会计分录如下。

借：生产成本　　　　　　　　　　　　　　　　480 000

制造费用　　　　　　　　　　　　　　　　105 000

管理费用　　　　　　　　　　　　　　　　90 600

销售费用　　　　　　　　　　　　　　　　17 400

贷：应付职工薪酬——工资　　　　　　　　　　693 000

二、结转代扣款项

上述计算分配的工资总额为应付工资额，在实际发放之前首先要扣还各种代垫款项（代垫的医药费、房租和水电费等），其次还要按比例代扣社会保险费和住房公积金，以及职工个

人应缴纳的个人所得税。会计分录如下。

借：应付职工薪酬——工资　　　　　　　　　　　　　　　（代扣总额）
　　贷：其他应付款——社会保险费　　　　　　　　　　　（代扣保险费）
　　　　　　　　　　——住房公积金　　　　　　　　　　（代扣住房公积金）
　　　　应交税费——应交个人所得税　　　　　　　　　　（代扣个人所得税）
　　　　其他应收款　　　　　　　　　　　　　　　　　　（代扣原代垫款项）

案例分析

【例 6-7】承例 6-6，南阳公司分别按照工资总额的 2.5%、8% 从工人工资中代扣社会保险费和住房公积金。相关会计分录如下。

借：应付职工薪酬——工资　　　　　　　　　　　　　　　72 765
　　贷：其他应付款——社会保险费　　　　　　　　　　　17 325
　　　　　　　　　　——住房公积金　　　　　　　　　　55 440

【例 6-8】南阳公司从职工工资中扣除房租 32 000 元，扣除原代垫职工医药费 40 000 元。相关会计分录如下。

借：应付职工薪酬——工资　　　　　　　　　　　　　　　72 000
　　贷：其他应收款——代垫房租　　　　　　　　　　　　32 000
　　　　　　　　　　——代垫医药费　　　　　　　　　　40 000

【例 6-9】南阳公司从职工工资中代扣个人所得税 58 600 元。相关会计分录如下。

借：应付职工薪酬——工资　　　　　　　　　　　　　　　58 600
　　贷：应交税费——应交个人所得税　　　　　　　　　　58 600

◇学习随想

　　请同学们想一想：职工缴纳医疗保险费有什么用处？农民没有职工医疗保险，看病如何报销？

三、发放工资

企业应根据应付职工薪酬总额扣除代扣、代垫款项之后的实发工资金额发放职工工资，会计分录如下。

借：应付职工薪酬——工资（实发工资）
　　贷：库存现金/银行存款

【例 6-10】承例 6-6~例 6-9，假设职工个人应承担的养老保险费为 58 905 元，计算南阳公司本月实发工资额，并通过银行存款转账发放工资。相关会计处理如下。

实发工资＝693 000－72 765－58 905－72 000－58 600＝430 730（元）

借：应付职工薪酬——工资　　　　　　　　　　　　　　　430 730

　　贷：银行存款　　　　　　　　　　　　　　　　　　　　　　　430 730

◇**小试牛刀**

大正公司发生如下业务。

（1）本月应付工资总额为 462 000 元，工资费用分配汇总表中列示的产品生产人员工资为 320 000 元，车间管理人员工资为 70 000 元，企业行政管理人员工资为 60 400 元，销售人员工资为 11 600 元。

（2）按职工工资总额的 10% 从职工工资中代扣住房公积金，按工资总额的 0.5% 和 2% 代扣失业保险费和医疗保险费（假设没有个人所得税）。

（3）上月替职工代垫医药费 800 元，按规定从本月工资中扣除。

（4）通过银行存款转账发放本月工资。

要求：根据以上业务，编制相关会计分录。

四、计提企业承担的社会保险费、住房公积金及各项经费

职工的各项社会保险费和住房公积金主要来自两部分：一是由职工个人承担的，应从工人工资中扣除（如例 6-7 所示）；二是由企业承担的，需由企业根据国家规定的标准计提，借方根据受益对象记入相关成本费用，贷方记入"应付职工薪酬"账户。同时，企业还要根据国家规定标准计提职工工会经费和职工教育经费。会计分录如下。

借：生产成本　　　　　　　　　　（生产工人）

　　制造费用　　　　　　　　　　（车间管理人员）

　　管理费用　　　　　　　　　　（行政管理人员）

　　销售费用　　　　　　　　　　（销售人员）

　　在建工程　　　　　　　　　　（工程人员）

　　研发支出　　　　　　　　　　（研发人员）

　　贷：应付职工薪酬——社会保险费　　（应付工资×社会保险费计提比例）

　　　　　　　　　　——工会经费　　　（应付工资×工会经费计提比例）

　　　　　　　　　　——职工教育经费　（应付工资×职工教育经费计提比例）

　　　　　　　　　　——住房公积金　　（应付工资×住房公积金计提比例）

计提各项经费

案例分析

【例 6-11】 承例 6-6，南阳公司按照工资总额的 10% 计提住房公积金。相关会计分录

如下。

借：生产成本　　　　　　　　　　　　　　　　　　　　　48 000
　　制造费用　　　　　　　　　　　　　　　　　　　　　10 500
　　管理费用　　　　　　　　　　　　　　　　　　　　　 9 060
　　销售费用　　　　　　　　　　　　　　　　　　　　　 1 740
　　　贷：应付职工薪酬——住房公积金　　　　　　　　　69 300

【例6-12】承例6-6，南阳公司按工资总额的2%和1.5%计提工会经费和职工教育经费。
相关会计分录如下。

借：生产成本　　　　　　　　　　　　　　　　　　　　　16 800
　　制造费用　　　　　　　　　　　　　　　　　　　　　 3 675
　　管理费用　　　　　　　　　　　　　　　　　　　　　 3 171
　　销售费用　　　　　　　　　　　　　　　　　　　　　　 609
　　　贷：应付职工薪酬——工会经费　　　　　　　　　　13 860
　　　　　　　　　　　　——职工教育经费　　　　　　　　10 395

◇小试牛刀

大正公司按照工资总额的8%计提住房公积金，按工资总额的13%和2%计提社会保险费和工会经费。

要求：编制相关会计分录。

五、上缴各项保险费、住房公积金等

月末企业应履行代缴义务，将代扣和计提的各项社会保险费上缴社保账户，将代扣和计提的住房公积金上缴住房公积金账户，将代扣的个人所得税上缴税务机构。会计分录如下。

借：应付职工薪酬——社会保险费　　　　　　（企业计提）
　　其他应付款——社会保险费　　　　　　　（代扣职工承担部分）
　　应付职工薪酬——住房公积金　　　　　　（企业计提）
　　其他应付款——住房公积金　　　　　　　（代扣职工承担部分）
　　应交税费——应交个人所得税
　　　贷：银行存款

案例分析

【例6-13】承例6-7，南阳公司以银行存款上缴本月住房公积金。相关会计分录如下。

借：其他应付款——住房公积金   55 440

  应付职工薪酬——住房公积金   69 300

   贷：银行存款   124 740

【例6-14】 承例6-9，南阳公司以银行存款上缴代扣的个人所得税。相关会计分录如下。

借：应交税费——应交个人所得税   58 600

   贷：银行存款   58 600

◇小试牛刀

根据前述内容，编制大正公司按规定上缴全部住房公积金和社会保险费的会计分录。

六、职工福利费

对于职工福利费，企业应当在实际发生时根据受益对象记入当期损益或相关资产成本，会计分录如下。

（1）确认福利时。

借：生产成本/管理费用/销售费用/制造费用等

   贷：应付职工薪酬——职工福利费

（2）实际发放时。

借：应付职工薪酬——职工福利费

   贷：银行存款

案例分析

【例6-15】 南阳公司以银行存款支付生产工人张红的困难补助50 000元。相关会计分录如下。

借：生产成本   50 000

   贷：应付职工薪酬——职工福利费   50 000

借：应付职工薪酬——职工福利费   50 000

   贷：银行存款   50 000

七、辞退福利

根据新《企业财务通则》的规定，企业解除与职工的劳动关系，应按照国家有关规定支付经济补偿金或者安置费，企业支付的辞退福利均通过"管理费用"账户核算。会计分录如下。

（1）确认辞退福利时。

借：管理费用

   贷：应付职工薪酬——辞退福利

（2）实际发放时。

借：应付职工薪酬——辞退福利

　　贷：银行存款

案例分析

【例6-16】南阳公司由于生产转型，决定辞退原生产线生产工人5人、车间管理人员2人，经董事会批准，支付辞退补偿标准为：生产工人每人20万元、车间管理人员每人30万元。南阳公司应编制如下会计分录。

借：管理费用　　　　　　　　　　　　　　　　　　　　　　1 600 000

　　贷：应付职工薪酬——辞退福利　　　　　　　　　　　　　　　1 600 000

借：应付职工薪酬——辞退福利　　　　　　　　　　　　　　1 600 000

　　贷：银行存款　　　　　　　　　　　　　　　　　　　　　　1 600 000

◇小试牛刀

（1）大正公司有在岗职工200人，其中生产工人160人、车间管理人员17人、企业行政管理人员23人。公司每月需补贴食堂150元/人。月末大正公司以银行存款支付食堂补贴。

（2）大正公司辞退生产工人5人，以银行存款支付辞退补偿费50 000元。

要求：编制上述计提和实际支付食堂补贴和辞退补偿费的会计分录。

任务实施

请你根据所学知识完成任务描述中永旭公司的会计处理。

序号	业务关键词	会计分录
1	分配工资时	
2	结转代扣款项时	

续表

序号	业务关键词	会计分录
3	实际发放工资时	
4	按应付工资总额的 10%计提住房公积金时	
5	上缴住房公积金时	

任务总结

请对本次工作任务实施过程进行总结。

收获与成长	
问题与困难	

任务评价

任务	评价项目	评价内容	评价维度		备注
			自评	他评	
货币性职工薪酬的核算	知识学习	1. 能正确地背诵分配工资、结转代扣款项、实发工资的会计分录（10分）			
		2. 能正确地背诵计提各项经费、住房公积金以及上缴各项经费、住房公积金的会计分录（10分）			
		3. 能正确地区分职工福利和辞退福利并背诵会计分录（10分）			
	技能训练	1. 能独立且正确地完成"小试牛刀"部分的练习（20分）			
		2. 能独立且正确地完成任务实施（20分）			
	素养提升	1. 按时上下课，并按要求完成课前作业及预习（10分）			
		2. 学习态度端正，积极参与课堂活动，工整、准确地记录笔记（10分）			
		3. 了解全民医保制度，明确建立社会保障体系的作用，增强制度认同感（10分）			
	合计				

任务三　非货币性职工薪酬的核算

任务描述

　　永旭公司董事会经研究决定，将自产产品发放给职工作为福利，该公司共有职工120人，其中企业行政管理人员20人、车间管理人员8人、生产人员72人、研发人员10人、销售人员10人。每人发放一台产品，发放产品的计税价格为150元/台，成本为88元/台。同时，该公司为了引进研发人才，为高级研发人员每人提供住房一套，免费使用，每套住房月折旧额为2 100元，该公司共引进了高级研发人员3人。永旭公司为一般纳税人，增值税税率为13%。

　　请完成永旭公司的相关会计处理。

任务解析

企业负担的职工薪酬除了以货币形式发放给职工或为职工支付的各项费用之外，还可能给职工提供其他福利，比如将自产产品发放给职工，这属于非货币性职工薪酬。请同学们在本任务中认真学习非货币性职工薪酬的内容和核算方法，以准确地完成任务实施。

知识链接

非货币性职工薪酬是指企业以非货币性资产支付给职工的薪酬，主要包括企业以自产产品发放给职工作为福利、将企业拥有的资产无偿提供给职工使用、为职工无偿提供医疗保健服务等。为了反映非货币性职工薪酬的支付与分配情况，应在"应付职工薪酬"账户下设置"非货币性福利"明细账户。

一、以自产产品发放给职工作为福利

企业以自产产品发放给职工作为福利，一方面会增加企业的支出；另一方面要确认收入和成本及销项税额。会计分录如下。

（1）确认发放时。

    借：生产成本/制造费用/销售费用/管理费用等   （售价+销项税额）

        贷：应付职工薪酬——非货币性福利

（2）确认收入时。

    借：应付职工薪酬——非货币性福利

        贷：主营业务收入   （售价或公允价）

           应交税费——应交增值税（销项税额）

（3）结转成本时。

    借：主营业务成本   （成本价）

        贷：库存商品

案例分析

【例6-17】南阳公司将自产电视机发放给职工作为个人福利，产品的单位成本为2 000元，售价（不含税）为每台2 500元，其中生产部门生产人员为80人，生产部门管理人员为20人，公司管理人员为16人，专设销售机构人员为32人，每人一台。南阳公司增值税税率13%。应编制如下会计分录。

借：生产成本 226 000

制造费用 56 500

管理费用 45 200

销售费用 90 400

贷：应付职工薪酬——非货币性福利 418 100

借：应付职工薪酬——非货币性福利 418 100

贷：主营业务收入 370 000

应交税费——应交增值税（销项税额） 48 100

借：主营业务成本 296 000

贷：库存商品 296 000

◇小试牛刀

大正公司为增值税一般纳税人，适用的增值税税率为13%，商品销售价格不含增值税。12月，大正公司将本公司生产的C产品作为福利发放给生产工人，C产品的市场销售价格为80万元，实际成本为50万元。

要求：编制大正公司会计分录。

◇学习随想

请同学们想一想：如果企业购买货物发放给职工该如何进行会计处理？

二、将企业自有固定资产无偿提供给职工使用

企业将自有住房、汽车等固定资产无偿提供给职工使用的，应将计提的折旧作为应付职工薪酬记入相关资产成本或当期费用。会计分录如下。

借：管理费用/生产成本/制造费用/销售费用

贷：应付职工薪酬——非货币性福利

借：应付职工薪酬——非货币性福利

贷：累计折旧

案例分析

【例6-18】南阳公司为销售经理每人提供公寓房一套，免费使用，该公司有15名销售经理，假定每套公寓房每月计提折旧2 000元。会计分录如下。

借：销售费用 30 000

贷：应付职工薪酬——非货币性福利 30 000

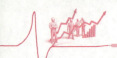

借：应付职工薪酬——非货币性福利   30 000

  贷：累计折旧   30 000

三、为职工提供其他免费服务

企业为职工提供其他免费服务，如为职工租赁住房、车辆免费使用或提供旅游、保健等免费服务时，应当根据受益对象，将每期应付的租金或费用记入相关成本或费用，并确认"应付职工薪酬——非货币性福利"账户。会计分录如下。

（1）付款时。

借：应付职工薪酬——非货币性福利

  贷：银行存款（库存现金）

（2）确认企业支出时。

借：管理费用/生产成本/制造费用/销售费用

  贷：应付职工薪酬——非货币性福利

案例分析

【例6-19】南阳公司为生产人员每人租用一套住房，该公司共有生产人员20名，假设每套住房每月租金为3 000元。会计分录如下。

借：应付职工薪酬——非货币性福利   60 000

  贷：银行存款   60 000

借：生产成本   60 000

  贷：应付职工薪酬——非货币性福利   60 000

◇小试牛刀

大正公司决定为每位生产部经理提供轿车免费使用，同时为每位副总裁租赁一套住房免费使用。该公司生产部经理共有5名，副总裁共有4名。假设每辆轿车月折旧额为1 000元，每套住房月租金为8 000元。

要求：编制大正公司会计分录。

任务实施

请你根据所学知识完成任务描述中永旭公司的会计处理。

序号	业务关键词	会计分录
1	将自产产品发放给职工	
2	为高级研发人员提供住房	

任务总结

请对本次工作任务实施过程进行总结。

收获与成长	
问题与困难	

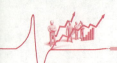

任务评价

任务	评价项目	评价内容	评价维度		备注
			自评	他评	
非货币性职工薪酬的核算	知识学习	1. 能正确地背诵将自产产品发放给职工业务的会计分录（10分）			
		2. 能正确地背诵将自有资产无偿提供给职工使用业务的会计分录（10分）			
		3. 能正确地背诵为职工提供其他免费服务业务的会计分录（10分）			
	技能训练	1. 能独立且正确地完成"小试牛刀"部分的练习（20分）			
		2. 能独立且正确地完成任务实施（20分）			
	素养提升	1. 按时上下课，并按要求完成课前作业及预习（10分）			
		2. 学习态度端正，积极参与课堂活动，工整、准确地记录笔记（10分）			
		3. 明确视同销售业务的处理是为了防止企业偷税漏税，树立依法纳税意识（10分）			
	合计				

素养课堂

全民医保——健全社会保障体系

全民医保（图6-1）包括城镇职工医保、城乡居民医保和医疗救助。1998年，国务院发布《关于建立城镇职工基本医疗保险制度的决定》，在全国范围全面进行职工医疗保障制度改革，制度覆盖范围为城镇所有用人单位，包括企业、机关、事业单位、社会团体、民办非企业单位及其职工；2002年10月，我国明确提出各级政府要积极引导农民建立以大病统筹为主的新型农村合作医疗制度；城乡医疗救助于2003年和2005年分别在农村和城市开始试点，2008年制度全面建立；2007年7月，国务院印发《关于开展城镇居民基本医疗保险试点的指导意见》，明确制度覆盖范围为全体城镇居民；2009年，我国作出深化医药卫生体制改革的重要战略部署，确立新型农村合作医疗作为农村基本医疗保障制度的地位，明确制度覆盖范围为全体农村居民；2014年，国务院颁布第649号令《社会救助暂行办法》，明确医疗救助对象、救助范围及标准。自此，覆盖全体国民的医疗保障规范化、制度化、法制化建设基本完成。

国务院办公厅《"十四五"全民医疗保障规划》明确提出了全民医保的总体目标，即到2025年，医疗保障制度更加成熟定型，基本完成待遇保障、筹资运行、医保支付、基金监管等重要机制和医药服务供给、医保管理服务等关键领域的改革任务，医疗保障政策规范化、管理精细化、服务便捷化、改革协同化程度明显提升，公平医保、法治医保、安全医保、智慧医保、协同医保建设全面发展。

图6-1　全民医保

【学原文】

党的二十大报告提出："健全社会保障体系。社会保障体系是人民生活的安全网和社会运行的稳定器。健全覆盖全民、统筹城乡、公平统一、安全规范、可持续的多层次社会保障体系。扩大社会保险覆盖面，健全基本养老、基本医疗保险筹资和待遇调整机制，推动基本医疗保险、失业保险、工伤保险省级统筹。促进多层次医疗保障有序衔接，完善大病保险和医疗救助制度，落实异地就医结算，建立长期护理保险制度，积极发展商业医疗保险。加快完善全国统一的社会保险公共服务平台。"

【悟原理】

建立和完善社会保障体系，是党中央、国务院为增强人民抵御大病风险的能力、保护人民身体健康、促进国家经济发展和社会稳定作出的重大决策，对构建社会主义和谐社会具有重大意义。真正让人民看得起病，看得好病，使医疗服务真正做到便民、利民、取信于民，促进各级医疗工作的健康发展。

项目七

应交税费的账务处理

项目导读

　　税收是指国家为实现其公共职能而凭借其政治权力，依法强制、无偿地取得财政收入的活动或手段。税收的目的在于为政府的公共职能提供必要的资金支持，如教育、国防、公共卫生、基础设施等。目前我国征收的税种主要包括：增值税、消费税、企业所得税、资源税、土地增值税、城市维护建设税、教育费附加、房产税、土地使用税、车船使用税、矿产资源补偿费、个人所得税等。企业应计算各项应交税费并按期上缴税务机构。本项目重点介绍增值税、消费税等税种的计算与核算。

目标导学

三维目标

知识目标
❶ 能准确地说出增值税、消费税的征收范围和征收方法
❷ 能正确地计算企业应交增值税和消费税税额
❸ 能准确地背诵应交税费、税金及附加账户的核算内容及结构

技能目标
❶ 能独立完成应交增值税的账务处理
❷ 能独立完成消费税的账务处理

素养目标
❶ 学习各项税收政策，养成规范纳税的意识
❷ 熟记购进免税农产品业务的增值税抵扣规定，感悟乡村振兴策略，增强制度认同感

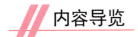

内容导览

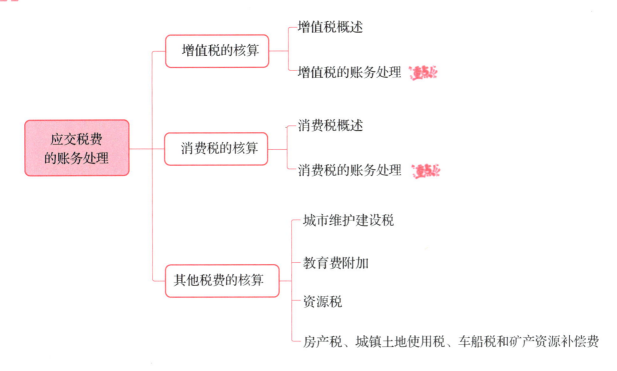

任务一 增值税的核算

任务描述

永旭公司3月发生如下涉及增值税的业务。

业务1：3月9日，购进材料一批，增值税专用发票上注明买价为30 000元，增值税税额为3 900元，款项用银行存款支付，材料已验收入库。

业务2：3月15日，将自产的一批产品用于对外捐赠，成本为13 000元，售价为20 000元，适用增值税税率为13%。

业务3：3月18日，将上月购进的材料10 000元作为福利发放给职工，购进时已缴纳并确认的增值税进项税额为1 300元。

业务4：3月20日，销售商品一批，开出增值税专用发票，价款为50 000元，增值税税额为6 500元，货款及税款已经收到并存入银行。

业务5：3月28日，购进免税农产品一批用于销售，以转账支票支付价款40 000元。

永旭公司3月应交多少增值税？该如何进行会计核算？

任务解析

企业（一般纳税人）每月发生销售业务时，要开具增值税专用发票，并确定销项税额；每月发生采购业务时，要取得增值税专用发票，并确定进项税额；月末要依据当月销项税额和进项税额确定应纳增值税额，并进行增值税申报和缴纳。请同学们学习本任务的相关内容，帮助永旭公司完成会计处理。

知识链接

一、增值税概述

增值税是以商品（含应税劳务、应税行为）在流转过程中实现的增值额作为计税依据而征收的一种流转税。按照我国现行增值税制度的规定，在我国境内从事货物销售、加工修理修配劳务、服务、无形资产和不动产及进口业务的企业、单位和个人为增值税的纳税人，其中，"服务"是指提供交通运输服务、建筑服务、邮政服务、电信服务、金融服务、现代服务、生活服务。

根据经营规模大小及会计核算水平的健全程度，增值税纳税人分为一般纳税人和小规模纳税人。一般纳税人是指年应税销售额超过财政部、国家税务总局规定标准的增值税纳税人。小规模纳税人是指年应税销售额未超过规定标准，并且会计核算不健全，不能够提供准确税务资料的增值税纳税人（本书中案例及练习均以一般纳税人为例）。

增值税

二、增值税的账务处理

增值税一般纳税人应在"应交税费"账户下设置"应交增值税"明细账户进行核算，再在"应交增值税"明细账户下设置"进项税额""销项税额""进项税额转出""转出未交增值税""转出多交增值税""已交税金"等专栏，并按规定进行核算（表7-1）。

表 7-1 "应交增值税"明细账户设置

一级科目	二级科目	三级科目	方向	核算内容
应交税费	应交增值税	进项税额	借	采购环节确认的可以抵扣的增值税额
		销项税额	贷	销售环节确认的增值税额
		进项税额转出	贷	转出不符合抵扣条件的增值税额
		转出未交增值税	借	计算确认本期应交的增值税
		转出多交增值税	贷	计算确认本期多交的增值税
		已交税金	借	本月预交税金
	未交增值税		贷	当月应交增值税

（一）进项税额的核算

1. 取得增值税专用发票业务

企业在购进货物、接受劳务或服务、接受投资时，如果取得了增值税专用发票，要按增值税专用发票上注明的增值税税额借记"应交税费——应交增值税（进项税额）"账户，按增值税专用发票上记载的价款，借记"在途物资（或原材料）""库存商品""固定资产""管理费用""制造费用"等账户，按应付或实际支付的金额，贷记"应付账款""应付票据""银行存款""实收资本"等账户，购入货物发生退货时，应编制相反的会计分录。常用会计分录如下。

借：在途物资/原材料/库存商品/固定资产/管理费用/制造费用等

应交税费——应交增值税（进项税额）

贷：银行存款/应付账款/应付票据/实收资本等

注意：根据税法规定，娱乐、餐饮、贷款服务、居民日常服务不得抵扣进项税额，因此即便取得了增值税专用发票也不得确认为进项税额（因公出差的住宿费发票除外）。

◇**学习随想**

请同学们想一想：为什么娱乐、餐饮、贷款服务、居民日常服务不得确认增值税进项税额？

∥案例分析

【例 7-1】南阳公司 1 月 18 日购进甲材料一批，增值税专用发票上注明买价为 30 000 元，增值税税额为 3 900 元，款项已用银行存款支付，甲材料尚未验收入库。会计分录如下。

借：在途物资——甲材料　　　　　　　　　　　　　　　　　　　30 000

应交税费——应交增值税（进项税额）　　　　　　　　　　　3 900

贷：银行存款　　　　　　　　　　　　　　　　　　　　　　33 900

【例 7-2】1 月 23 日，南阳公司接受光明公司投入设备一套，增值税专用发票上注明设备价款为 100 000 元，增值税税额为 13 000 元。会计分录如下。

借：固定资产　　　　　　　　　　　　　　　　　　　100 000
　　应交税费——应交增值税（进项税额）　　　　　　　 13 000
　　贷：实收资本——光明公司　　　　　　　　　　　　　　　113 000

【例 7-3】1 月 24 日，南阳公司以银行存款支付销售环节运输费 4 360 元，增值税专用发票上注明运费为 4 000 元，增值税税额为 360 元。会计分录如下。

借：销售费用　　　　　　　　　　　　　　　　　　　　4 000
　　应交税费——应交增值税（进项税额）　　　　　　　　 360
　　贷：银行存款　　　　　　　　　　　　　　　　　　　　 4 360

【例 7-4】1 月 24 日，南阳公司行政人员李双出差回来报销住宿费，增值税专用发票上注明住宿费为 2 200 元，增值税税额为 132 元，以银行存款支付。会计分录如下。

借：管理费用　　　　　　　　　　　　　　　　　　　　2 200
　　应交税费——应交增值税（进项税额）　　　　　　　　 132
　　贷：银行存款　　　　　　　　　　　　　　　　　　　　 2 332

◇小试牛刀

（1）大正公司购入 C 材料一批，增值税专用发票上注明货款为 10 000 元，增值税税额为 1 300 元，全部款项已用转账支票付讫，材料已验收入库。

（2）大正公司接受投资转入材料一批，增值税专用发票上注明价款为 300 000 元，增值税税额为 39 000 元。双方协商按实际价格入账，材料已验收入库。

（3）大正公司生产车间委托外单位修理机器设备，对方开来的增值税专用发票上注明修理费用为 5 000 元，增值税税额为 650 元，款项已用银行存款支付。

（4）大正公司车间管理人员陈丁出差回来报销住宿费，增值税专用发票上注明住宿费为 4 500 元，增值税税额为 270 元，以银行存款支付。

要求：根据以上业务编制大正公司会计分录。

2. 购进免税农产品业务

《中华人民共和国增值税暂行条例》规定，增值税一般纳税人向小规模纳税人或农业生产者购买的农产品可视为免税农产品，购进免税农产品准予抵扣的进项税额，按照买价的 9% 计算；如用于生产销售或委托加工 13% 税率的农产品（如瓜果干品、罐头、茶叶、烟叶、天然橡胶等），按照农产品收购发票或者销售发票上注明的农产品买价和 10% 的扣除率计算进项税额。

购进免税农产品时，在按购进免税农产品的买价和规定的扣除率计算进项税额时，借记"应交税费——应交增值税（进项税额）"账户，按买价减去按规定计算的进项税额后的差

额，借记"在途物资（或材料采购）""原材料""库存商品"等账户，按实际支付或应付的价款，贷记"银行存款""应付账款"等账户。

案例分析

【例7-5】1月26日，南阳公司从农民手中购进农产品一批用于销售，以现金支付价款20 000元，农产品已经验收入库。假设扣除率为9%。南阳公司应作会计处理如下。

$$进项税额 = 20\ 000 \times 9\% = 1\ 800（元）$$

$$采购成本 = 20\ 000 - 1\ 800 = 18\ 200（元）$$

借：库存商品	18 200	
应交税费——应交增值税（进项税额）	1 800	
贷：库存现金		20 000

◇小试牛刀

（1）大正公司购进免税农产品一批用于销售，价款为5 000元，货物尚未到达，款项已用银行存款支付。

（2）大正公司购进免税农产品一批用于生产水果罐头，价款为6 000元，货物尚未到达，款项已用银行存款支付。

要求：根据以上业务编制大正公司会计分录。

3. 未取得增值税专用发票业务

一般纳税人购进业务中如果取得的是增值税普通发票，则不能确定为进项税额，而是直接记入资产成本或费用。常用会计分录如下。

借：在途物资/原材料/库存商品/固定资产/管理费用/制造费用等

贷：银行存款/应付账款/应付票据/实收资本等

特殊情况如下。

（1）一般纳税人支付的高速公路，一、二级公路道路通行费，按照收费公路通行费增值税电子普通发票上注明的增值税额抵扣进项税额，若未取得增值税电子普通发票则不能抵扣。

（2）一般纳税人支付的桥、闸通行费，暂凭取得的通行费发票上注明的收费金额按照下列公式计算可抵扣的进项税额：

桥、闸通行费可抵扣进项税额 = 桥、闸通行费发票上注明的金额 ÷ (1+5%) × 5%

（3）纳税人购进国内旅客运输服务，其进项税额允许从销项税额中抵扣。纳税人未取得增值税专用发票的，暂按照以下规定确定进项税额。

①取得增值税电子普通发票的，为发票上注明的税额。

②取得注明旅客身份信息的航空运输电子客票行程单的，为按照下列公式计算的进项

税额：

$$航空旅客运输进项税额=（票价+燃油附加费）÷（1+9\%）×9\%$$

③取得注明旅客身份信息的铁路车票的，为按照下列公式计算的进项税额：

$$铁路旅客运输进项税额=票面金额÷（1+9\%）×9\%$$

④取得注明旅客身份信息的公路、水路等其他客票的，为按照下列公式计算的进项税额：

$$公路、水路等其他旅客运输进项税额=票面金额÷（1+3\%）×3\%$$

常用会计分录如下。

借：管理费用/销售费用等

应交税费——应交增值税（进项税额）

贷：银行存款/库存现金等

案例分析

【例7-6】 1月26日，南阳公司行政人员张天乐报销业务招待费，交来增值税普通发票一张，餐费为3 000元，增值税税额为180元，以银行存款支付。会计分录如下。

借：管理费用　　　　　　　　　　　　　　　　　　　　　　3 180

　　贷：银行存款　　　　　　　　　　　　　　　　　　　　　　3 180

【例7-7】 1月26日，南阳公司销售人员李月出差回来报销火车票763元，全部以银行存款支付。会计处理如下。

$$火车票进项税额=763÷（1+9\%）×9\%=63（元）$$

借：销售费用　　　　　　　　　　　　　　　　　　　　　　700

　　应交税费——应交增值税（进项税额）　　　　　　　　　63

　　贷：银行存款　　　　　　　　　　　　　　　　　　　　　　763

◇ 小试牛刀

（1）大正公司行政部司机交来当月高速通行费电子普通发票，通行费为2 000元，增值税税额为180元，款项已用银行存款支付。

（2）大正公司销售经理出差回来报销差旅费，交来航空运输电子客票行程单一张，机票价格为3 270元，燃油附加费为218元，机场建设费为50元，款项已用银行存款支付。

（3）大正公司从小规模纳税人处购进材料一批，材料已验收入库，收到增值税普通发票一张，价款为5 000元，增值税税额为300元，以银行存款支付。

要求：根据以上业务编制大正公司会计分录。

（二）销项税额的核算

1. 销售货物或提供应税劳务

一般纳税人销售货物或提供应税劳务和服务时，要向购买方开具增值税专用发票，销售方按照营业收入和应收取的增值税税额，借记"应收账款""应收票据""银行存款"等账户，按增值税专用发票上注明的增值税税额，贷记"应交税费——应交增值税（销项税额）"账户，按实现的营业收入，贷记"主营业务收入""其他业务收入"等账户。发生的销货退回，编制相反的会计分录。会计分录如下。

借：应收账款/应收票据/银行存款/其他应收款
    贷：主营业务收入/其他业务收入
        应交税费——应交增值税（销项税额）

案例分析

【例7-8】1月26日，南阳公司向A公司销售产品一批，开出的增值税专用发票上注明价款为 2 000 000 元，增值税税额为 260 000 元，A产品已经发出，价款及税款尚未收到。相关会计分录如下。

借：应收账款——A公司   2 260 000
    贷：主营业务收入   2 000 000
        应交税费——应交增值税（销项税额）   260 000

【例7-9】1月27日，南阳公司出租包装物一批，开出的增值税专用发票上注明租金为 1 000 元，增值税税额为 130 元，租金及税款均未收到。相关会计分录如下。

借：其他应收款   1 130
    贷：其他业务收入   1 000
        应交税费——应交增值税（销项税额）   130

◇小试牛刀

（1）大正公司销售产品一批，开出的增值税专用发票上注明价款为 580 000 元，增值税税额为 75 400 元，收到商业汇票一张。

（2）大正公司对外提供加工业务（非主营业务），开出增值税专用发票一张，价款为 21 000 元，增值税税额为 2 730 元，款项已收到并存入银行。

要求：根据以上业务编制大正公司会计分录。

2. 视同销售

视同销售，一般是指企业在会计核算时不作为销售核算，而在税务上要作为销售确认计算缴纳增值税的商品或劳务的转移行为。《增值税暂行条例实施细则》第四条规定，单位或者个体工商户的下列行为，视同销售货物：将货物交付其他单位或者个人代销；销售代销货物；设有两个以上机构并实行统一核算的纳税人，将货物从一个机构移送其他机构用于销售，但相关机构设在同一县（市）的除外；将自产、委托加工的货物用于集体福利或者个人消费；将自产、委托加工或者购进的货物作为投资，提供给其他单位或者个体工商户；将自产、委托加工或者购进的货物分配给股东或者投资者；将自产、委托加工或者购进的货物无偿赠送其他单位或者个人。常用会计分录如下。

（1）将自产、委托加工或购买的货物用于对外捐赠时。

借：营业外支出

　　贷：库存商品/原材料　　　　　　　　　　　　　　　　（成本价）

　　　　应交税费——应交增值税（销项税额）　　　　　　（计税价×税率）

（2）将自产、委托加工或购买的货物作为投资、提供给其他单位或个体工商户、分配给股东时。

借：长期股权投资/销售费用/应付股利等　　　　　　　　（价税合计）

　　贷：主营业务收入　　　　　　　　　　　　　　　　　（计税价）

　　　　应交税费——应交增值税（销项税额）　　　　　　（计税价×税率）

借：主营业务成本　　　　　　　　　　　　　　　　　　（成本价）

　　贷：库存商品

（3）将自产或委托加工的货物用于集体福利或个人消费时。

借：生产成本/销售费用/管理费用/制造费用等

　　贷：应付职工薪酬——非货币性福利　　　　　　　　　（价税合计）

借：应付职工薪酬——非货币性福利　　　　　　　　　　（价税合计）

　　贷：主营业务收入（计税价）

　　　　应交税费——应交增值税（销项税额）　　　　　　（计税价×税率）

借：主营业务成本　　　　　　　　　　　　　　　　　　（成本价）

　　贷：库存商品

案例分析

【例7-10】1月27日，南阳公司将自产的一批产品用于对外捐赠，成本为20 000元，计税价格为30 000元，增值税税率为13%。相关会计分录如下。

借：营业外支出　　　　　　　　　　　　　　　　　　　　　　　23 900

　　贷：库存商品　　　　　　　　　　　　　　　　　　　　　　20 000

　　　　应交税费——应交增值税（销项税额）　　　　　　　　　 3 900

◇小试牛刀

　　大正公司将生产的一批产品发放给本公司销售部门职工，该批产品成本为 80 000 元，计税价格为 100 000 元，增值税税率为 13%。

　　要求：根据以上业务编制大正公司会计分录。

（三）进项税额转出

　　一般纳税人企业在购进货物的过程中，已经按照本任务"（一）进项税额的核算"中的相关规定确认增值税进项税额，但是这些货物在后续经营过程中如果发生增值税不得抵扣业务，则应将原确认的进项税额进行转出处理。进项税额转出的常见情况及会计处理如下。

1. 货物发生非正常损失

　　一般纳税人购进的货物发生管理不善造成的被盗、丢失、霉烂变质，或违反法律法规造成的依法没收、销毁、拆除情形，其购进货物及相关的加工修理修配劳务和交通运输服务所抵扣的进项税额应进行转出。会计分录如下。

　　借：待处理财产损溢

　　　　贷：原材料/库存商品等

　　　　　　应交税费——应交增值税（进项税额转出）

2. 在产品、产成品发生非正常损失

　　一般纳税人在产品、产成品发生管理不善造成的被盗、丢失、霉烂变质，或违反法律法规造成的依法没收、销毁、拆除情形，其耗用的购进货物（不包括固定资产）及相关的加工修理修配劳务和交通运输服务所抵扣的进项税额应进行转出。会计分录如下。

　　借：待处理财产损溢

　　　　贷：生产成本

　　　　　　应交税费——应交增值税（进项税额转出）

3. 一般纳税人购进的货物或应税劳务改变用途

　　一般纳税人已抵扣进项税额的购进货物（不包括固定资产）、劳务、服务，用于集体福利和个人消费的，应当将已经抵扣的进项税额从当期进项税额中转出；无法确定该进项税额的，按照当期实际成本计算应转出的进项税额。会计分录如下。

　　借：应付职工薪酬——非货币性福利

　　　　贷：原材料/库存商品等

　　　　　　应交税费——应交增值税（进项税额转出）

案例分析

　　【例 7-11】1 月 27 日，南阳公司将已购进用于产品生产的甲材料 20 000 元发放给职工作

为福利，购进时已缴纳并确认的增值税进项税额为2 600元。会计分录如下。

借：应付职工薪酬——非货币性福利　　　　　　　　　　　　　　　　22 600

　　贷：原材料——甲材料　　　　　　　　　　　　　　　　　　　　　　20 000

　　　　应交税费——应交增值税（进项税额转出）　　　　　　　　　　　2 600

◇**小试牛刀**

（1）大正公司将购进的用于产品生产的A材料发放给职工，A材料的买价为50 000元，增值税税率为13%。

（2）大正公司在财产清查中发现因管理不善被盗一批库存商品，成本价为32 500元，该批商品生产所耗材料对应的增值税税额为2 600元。

要求：根据以上业务编制大正公司会计分录。

（四）应纳税额的计算及月末结转

在月末，一般纳税人企业要根据本月确认的增值税销项税额、进项税额及进项税额转出金额，计算确认当期应纳增值税额，并按期向税务局进行纳税申报。

当期应纳税额＝当期销项税额－当期可抵扣的进项税额

当期可抵扣的进项税额＝当期进项税额合计－当期进项税额转出

如果应纳税额为正数，则为当期应纳税额，会计分录如下。

借：应交税费——应交增值税（转出未交增值税）

　　贷：应交税费——未交增值税

如果应纳税额为负数，则为当期多交税额，可用于抵扣下期应交增值税，会计分录如下。

借：应交税费——未交增值税

　　贷：应交税费——应交增值税（转出多交增值税）

案例分析

【例7-12】根据例7-1～例7-11的内容，计算南阳公司当月应交的增值税税额并进行结转。会计处理如下。

当期销项税额＝260 000＋130＋3 900＝264 030（元）

当期进项税额＝3 900＋13 000＋360＋132＋1 800＋63－2 600＝16 655（元）

当期应纳税额＝264 030－16 655＝247 375（元）

借：应交税费——应交增值税（转出未交增值税）　　　　　　　　　　247 375

　　贷：应交税费——未交增值税　　　　　　　　　　　　　　　　　　247 375

◇**小试牛刀**

根据前述"小试牛刀"资料，计算大正公司本月应纳增值税税额并进行结转。

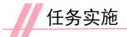 任务实施

请你根据所学知识完成任务描述中永旭公司的会计处理。

序号	业务关键词	会计分录
1	购进原材料，银行支付	
2	自产产品用于对外捐赠	
3	上月购进材料作为福利发放给职工	
4	销售商品	
5	购进农产品用于销售	
6	计算应交增值税税额并结转未交增值税	

任务总结

请对本次工作任务实施过程进行总结。

收获与成长	

续表

问题与困难	

任务评价

任务	评价项目	评价内容	评价维度		备注
			自评	他评	
增值税的核算	知识学习	1. 能准确地核算增值税进项税额（10 分）			
		2. 能准确地核算增值税销项税额（10 分）			
		3. 能准确地核算增值税进项税额转出业务（5 分）			
		4. 能准确地计算应纳税额并进行会计核算（5 分）			
	技能训练	1. 能独立且正确地完成"小试牛刀"部分的练习（20 分）			
		2. 能独立且正确地完成任务实施（20 分）			
	素养提升	1. 按时上下课，并按要求完成课前作业及预习（10 分）			
		2. 学习态度端正，积极参与课堂活动，工整、准确地记录笔记（10 分）			
		3. 熟记购进免税农产品业务的增值税抵扣相关规定，感悟乡村振兴策略，增强制度认同感（10 分）			
	合计				

任务二 消费税的核算

任务描述

永旭公司1月初发生以下两项经济业务。

业务1：2日，发出烟叶一批，委托乙企业加工成烟丝（收回继续用于生产卷烟），烟叶的实际成本为30 000元；5日，以银行存款支付乙企业加工费4 000元、相应增值税520元和代扣代缴的消费税800元；7日，以银行存款支付运输公司运杂费1 500元（不考虑增值税）；10日，加工完成并收回。

业务2：12日，发出烟叶一批，委托丁企业加工成卷烟（收回后直接用于销售），烟叶的实际成本为30 000元；15日，以银行存款支付丁企业加工费4 000元、相应增值税520元和代扣代缴的消费税800元；17日，以银行存款支付运输公司运杂费1 500元（不考虑增值税）；20日，加工完成并收回。

请你帮永旭公司分析上述两项业务的异同，并完成会计处理。

任务解析

以上两项业务都属于委托加工业务，且都涉及消费税，但它们在委托加工完成后的用途不同，那么其会计处理有哪些区别呢？请同学们认真学习本任务内容，帮永旭公司完成会计处理。

知识链接

一、消费税概述

消费税是指对在我国境内从事生产、委托加工及进口应税消费品的单位和个人，就其应税消费品的销售额或销售数量征收的一种流转税。

（一）消费税的特点

消费税具有如下3个特点。

（1）消费税是价内税，是价格的组成部分。

（2）消费税征税项目具有选择性。消费税以税法规定的特定产品为征税对象，国家可以根据宏观产业政策和消费政策的要求，有目的地、有重点地选择一些消费品征收消费税，以适当地限制某些特殊消费品的消费需求，因此消费税具有特殊调节作用。

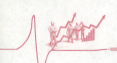

（3）消费税的征收环节具有单一性，一般只选择在生产或进口环节一次性征收，不像增值税那样无论哪个环节只要产生增值都要征收。

（二）消费税的纳税人及其税目

消费税的纳税人是指在我国境内从事生产、委托加工及进口应税消费品的单位和个人。消费税的税目有烟、酒、高档化妆品、贵重首饰及珠宝玉石、鞭炮和焰火、成品油、摩托车、小汽车、高尔夫球及球具、高档手表、游艇、木制一次性筷子、实木地板、铅蓄电池、涂料等15项。

（三）消费税的计算

消费税的计算有从价定率和从量定额两种方式。

（1）从价定率的计算公式如下：

应纳消费税额=不含增值税的销售额（或组成计税价格）×消费税税率

（2）从量定额的计算公式如下：

应纳消费税额=销售数量×单位税额

（四）消费税征收目的

消费税是在对货物普遍征收增值税的基础上，选择少数消费品再征收的一个税种，主要是为了调节产品结构，引导消费方向，保证国家财政收入。征收消费税的商品一般有如下特征。

（1）非生活必需品，甚至是奢侈品，如化妆品、贵重首饰、高尔夫球等。

（2）对人体和环境有害的商品，如烟、酒、烟花爆竹等。

（3）不可再生资源，如成品油等。

二、消费税的账务处理

缴纳消费税的企业，应在"应交税费"账户下设置"应交消费税"明细账户，核算应交消费税的发生、缴纳情况。该科目贷方登记应交的消费税，借方登记已缴纳的消费税，期末贷方余额为尚未缴纳的消费税，借方余额为多缴纳的消费税。

消费税

（一）销售自产应税消费品

企业销售自产应税消费品时，依据应征收的消费税税额，贷方记入"应交税费——应交消费税"账户，借方记入"税金及附加"账户。税金及附加是指企业经营活动应负担的相关税费，包括消费税、城市维护建设税、教育费附加、资源税、房产税、城镇土地使用税、车船税、印花税等。"税金及附加"是损益类账户，计算各项税费时记借方，月末转入"本年利润"时记贷方。会计分录如下。

借：税金及附加

　　贷：应交税费——应交消费税

案例分析

【例7-13】南阳公司销售自产的一批高档化妆品，价款为200 000元（不含增值税），适用的消费税税率为15%。相关会计处理如下。

$$应纳消费税税额 = 200\,000 \times 15\% = 30\,000（元）$$

借：税金及附加 30 000
　　贷：应交税费——应交消费税 30 000

◇小试牛刀

大正公司本月主营业务实现需要缴纳消费税的产品销售收入为600 000元（不含增值税），消费税税率为10%。

要求：计算大正公司本月应交的消费税税额并编制会计分录。

（二）自产自用应税消费品

自产自用应税消费品是指纳税人生产应税消费品，不是直接用于对外销售，而是用于连续生产应税消费品、非应税消费品或者其他方面。纳税人自产自用应税消费品，用于连续生产应税消费品的，不纳税；除用于连续生产应税消费品外，还用于其他方面的，于移送使用时纳税。

纳税人自产自用应税消费品，凡用于其他方面，应当纳税的，按照纳税人生产的同类消费品的销售价格计算纳税，没有同类消费品销售价格的，按照组成计税价格计算纳税。组成计税价格的计算公式如下：

$$组成计税价格 = (成本 + 利润) \div (1 - 比例税率)$$
$$应纳税额 = 组成计税价格 \times 比例税率$$

企业生产的应税消费品用于在建工程等非生产机构时，按规定应缴纳的消费税，借记"在建工程"账户，用于其他方面的借记"税金及附加"账户。会计分录如下。

借：在建工程/税金及附加
　　贷：应交税费——应交消费税

案例分析

【例7-14】南阳公司将自产的应税消费品用于在建工程，该应税消费品同类消费品售价为50 000元，消费税税率为10%。相关会计处理如下。

$$消费税税额 = 50\,000 \times 10\% = 5\,000（元）$$

借：在建工程 5 000
　　贷：应交税费——应交消费税 5 000

◇**小试牛刀**

（1）大正公司将自产应税消费品用于职工食堂，同类消费品市场售价为 20 000 元，消费税税率为 15%。

（2）大正公司将自产应税消费品用于继续生产非应税消费品，无同类消费品，该应税消费品成本为 40 000 元，预计利润为 5 000 元，消费税税率为 10%。

要求：根据以上业务计算大正公司应缴纳的消费税并编制会计分录。

（三）委托加工应税消费品

委托加工应税消费品需要缴纳的消费税，一般由受托方代收代缴。委托加工物资收回后直接用于销售的，委托方应将受托方代收代缴的消费税记入委托加工物资的成本；委托加工物资收回后用于连续生产应税消费品，按规定准予抵扣的，委托方应按已由受托方代收代缴的消费税税款，借记"应交税费——应交消费税"账户。会计分录如下。

（1）委托加工应税消费品收回直接用于销售时。

借：委托加工物资

　　贷：银行存款

（2）委托加工应税消费品收回继续生产应税消费品时。

借：应交税费——应交消费税

　　贷：银行存款

案例分析

【例 7-15】南阳公司委托虹光公司加工一批应税消费品，发出的加工材料实际成本为 21 000 元；收到虹光公司开具的增值税专用发票，其中加工费为 6 000 元，增值税额为 780 元，均以银行存款支付；虹光公司代扣消费税 3 000 元，以银行存款支付。当月加工完毕并收回。已知南阳公司收回委托加工物资后直接用于销售。南阳公司应编制如下会计分录。

（1）发出委托加工材料时。

借：委托加工物资　　　　　　　　　　　　　　　　　　21 000

　　贷：原材料　　　　　　　　　　　　　　　　　　　　　　21 000

（2）支付加工费及增值税时。

借：委托加工物资　　　　　　　　　　　　　　　　　　6 000

　　应交税费——应交增值税（进项税额）　　　　　　　 780

　　贷：银行存款　　　　　　　　　　　　　　　　　　　　 6 780

（3）支付消费税时。

借：委托加工物资　　　　　　　　　　　　　　　　　　3 000

　　贷：银行存款　　　　　　　　　　　　　　　　　　　　 3 000

（4）加工完成时。

委托加工物资总成本＝21 000＋6 000＋3 000＝30 000（元）

借：库存商品　　　　　　　　　　　　　　　　　　　　　　30 000

　　贷：委托加工物资　　　　　　　　　　　　　　　　　　　　30 000

（5）如果委托加工物资收回后用于连续生产应税消费品，其支付的消费税按规定予以抵扣。

①支付消费税时。

借：应交税费——应交消费税　　　　　　　　　　　　　　　3 000

　　贷：银行存款　　　　　　　　　　　　　　　　　　　　　　3 000

②加工完成时。

委托加工物资总成本＝21 000＋6 000＝27 000（元）

借：原材料　　　　　　　　　　　　　　　　　　　　　　　27 000

　　贷：委托加工物资　　　　　　　　　　　　　　　　　　　　27 000

◇小试牛刀

　　大正公司委托长江公司加工应税消费品，收回后继续用于生产应税消费品。大正公司发出的原材料实际成本为 200 000 元；支付不含税加工费 10 000 元、增值税 1 300 元、消费税 16 000 元。两公司均为一般纳税人，有关款项收付均已通过银行结清。

　　要求：编制大正公司委托加工业务的会计分录。

任务实施

请你根据所学知识完成任务描述中永旭公司的会计处理。

业务关键词	业务1	业务2
发出材料时		
支付加工费、运费，代扣代缴消费税时		
完工收回时		
以上两项委托加工物资业务有哪些不同？		

任务总结

请对本次工作任务实施过程进行总结。

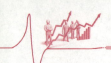

收获与成长			
问题与困难			

任务评价

任务	评价项目	评价内容	评价维度		备注
			自评	他评	
消费税的核算	知识学习	1. 能准确地说出消费税的征收目的（10分）			
		2. 能准确地区分销售应税消费品和自产自用消费品业务，并背诵会计分录（10分）			
		3. 能准确地区分委托加工物资业务的两种类型，并背诵会计分录（10分）			
	技能训练	1. 能独立且正确地完成"小试牛刀"部分的练习（20分）			
		2. 能独立且正确地完成任务实施（20分）			
	素养提升	1. 按时上下课，并按要求完成课前作业及预习（10分）			
		2. 学习态度端正，积极参与课堂活动，工整、准确地记录笔记（10分）			
		3. 熟记消费税的征收目的和范围，理性消费，不沾染不良习惯（10分）			
	合计				

任务三　其他税费的核算

任务描述

永旭公司位于石家庄市新华区，10月各项应交税费金额如下：增值税 345 000 元、消费税 23 400 元、房产税 15 000 元、车船税 3 500 元、城镇土地使用税 3 000 元。

永旭公司 10 月除了需要缴纳上述税费之外还要缴纳哪些税费？请你运用本任务所学知识帮助永旭公司完成相关计算，并编制计算税费和缴纳税费的会计分录，对比区分计算税费时不同税种的会计分录有什么区别。

任务解析

企业如果缴纳了增值税和消费税，就需要缴纳城市维护建设税和教育费附加，那么该如何计算缴纳这两项税费呢？请同学们在本任务内容中找一找答案吧。

知识链接

一、城市维护建设税

城市维护建设税属于特定目的税，是国家为了加强城市维护建设、扩大城市维护建设资金来源而征收的附加税。城市维护建设税以纳税人当期实际缴纳的增值税、消费税为计税依据，分别与上述两种税同时缴纳。

应纳城市维护建设税税额=（应交增值税税额+应交消费税税额）×适用税率

城市维护建设税按纳税人所在地不同，分为 7%、5%、1% 三档。纳税人所在地在市区的，税率为 7%；纳税人所在地在县城、镇的，税率为 5%；纳税人所在地不在市区、县城或镇的，税率为 1%。

企业每月按规定计算出应缴纳的城市维护建设税税额，会计分录如下。

借：税金及附加
　　贷：应交税费—应交城市维护建设税

实际缴纳时会计分录如下。

借：应交税费——应交城市维护建设税
　　贷：银行存款

案例分析

【例7-16】南阳公司3月实际缴纳增值税30 000元，实际缴纳消费税360 000元，城市维护建设税税率为7%，计算南阳公司应缴纳的城市维护建设税。应作会计处理如下。

$$应交城市维护建设税=（30\,000+360\,000）×7\%=27\,300（元）$$

借：税金及附加   27 300

  贷：应交税费——应交城市维护建设税   27 300

实际上缴时会计分录如下。

借：应交税费——应交城市维护建设税   27 300

  贷：银行存款   27 300

二、教育费附加

教育费附加是国家为了发展我国的教育事业，提高人民的文化素质而征收的一种税。其计算方法与城市维护建设税的计算方法相同，都是按企业实际缴纳的增值税税额、消费税税额作为计算依据，教育费附加税率为3%。

企业每月按规定计算出应缴纳的教育费附加税额，会计分录如下。

借：税金及附加

  贷：应交税费——应交教育费附加

实际缴纳时会计分录如下。

借：应交税费——应交教育费附加

  贷：银行存款

案例分析

【例7-17】南阳公司3月实际缴纳增值税30 000元、消费税360 000元，教育费附加税率为3%，计算南阳公司应缴纳的教育费附加。南阳公司应作会计处理如下。

$$应交教育费附加=（30\,000+360\,000）×3\%=11\,700（元）$$

借：税金及附加   11 700

  贷：应交税费——应交教育费附加   11 700

实际上缴时会计分录如下。

借：应交税费——应交教育费附加   11 700

  贷：银行存款   11 700

◇小试牛刀

大正公司本月实际缴纳的增值税税额为 40 000 元、消费税税额为 16 000 元，城市维护建设税税率为 7%，教育费附加税率为 3%。

要求：计算大正公司当月应缴纳的城市维护建设税和教育费附加，并进行会计处理。

三、资源税

资源税是以各种应税自然资源为课税对象，为了调节资源级差收入并体现国有资源有偿使用而征收的一种税，它是对在我国境内开采应税矿产品和生产盐的单位和个人，就其应税数量征收的一种税。

对外销售应税产品应缴纳的资源税应借记"税金及附加"账户，自产自用应税产品应缴纳的资源税应借记"生产成本""制造费用"等账户。会计分录如下。

借：税金及附加/生产成本/制造费用等

　　贷：应交税费——应交资源税

案例分析

【例 7-18】南阳公司本月对外销售资源税应税矿产品 3 600 吨，将自产资源税应税矿产品 800 吨用于其产品生产，税法规定每吨矿产品应交资源税 5 元。南阳公司应作会计处理如下。

$$应纳资源税 = 3\ 600 \times 5 + 800 \times 5 = 22\ 000（元）$$

借：税金及附加	18 000
生产成本	4 000
贷：应交税费——应交资源税	22 000
借：应交税费——应交资源税	22 000
贷：银行存款	22 000

四、房产税、城镇土地使用税、车船税和矿产资源补偿费

房产税是指以房屋为征税对象，以房屋的计税余值或租金收入为计税依据，向产权所有人征收的一种财产税。

城镇土地使用税是指为了合理利用城镇土地，调节土地级差收入，提高土地使用效益，加强土地管理而征收的一种资源税。在城市、县城、建制镇、工矿区范围内使用土地的单位和个人，为城镇土地使用税的纳税人，应当依照本规定缴纳土地使用税。

车船税

车船税是指对在中国境内应依法到公安、交通、农业、渔业、军事等管理部门办理登记

的车辆、船舶，根据其种类，按照规定的计税依据和年税额标准计算征收的一种财产税。

矿产资源补偿费是指国家从采矿权人的经营中如期收取资源消耗后的价值补偿，国家作为矿产资源所有者，依法向开采矿产资源的单位和个人收取的费用。

企业应缴纳的房产税、土地使用税、车船税和矿产资源补偿费都需要计入"税金及附加"科目。计算应交房产税、土地使用税、车船税、矿产资源补偿费时会计分录如下。

借：税金及附加

　　贷：应交税费——应交××税

案例分析

【例7-19】南阳公司按税法规定当月应交房产税 130 000 元、车船税 34 000 元、土地使用税 6 000 元。南阳公司计算和交纳上述税种时应编制如下会计分录。

借：税金及附加	170 000
贷：应交税费——应交房产税	130 000
——应交车船税	34 000
——应交城镇土地使用税	6 000
借：应交税费——应交房产税	130 000
——应交车船税	34 000
——应交城镇土地使用税	6 000
贷：银行存款	170 000

任务实施

请你根据所学知识完成任务描述中永旭公司的会计处理。

序号	税费名称	会计分录	
		计算时	实际缴纳时
1	增值税		
2	消费税		

续表

序号	税费名称	会计分录	
		计算时	实际缴纳时
3	房产税		
4	车船税		
5	城镇土地使用税		

1. 永旭公司 10 月除了需要缴纳上述税费之外还要缴纳哪些税费？计算并编制计算时和实际缴纳时的会计分录。

2. 对比区分计算税费时不同税种的会计分录有什么区别。

// 任务总结

请对本次工作任务实施过程进行总结。

收获与成长	
问题与困难	

任务评价

任务	评价项目	评价内容	评价维度		备注
			自评	他评	
其他税费的核算	知识学习	1. 能准确地计算城市维护建设税和教育费附加（10分）			
		2. 能准确地背诵企业计提和缴纳城市维护建设税、教育费附加时的会计分录（10分）			
		3. 能准确地背诵企业计提和缴纳房产税、车船使用税、城镇土地使用税的会计分录（10分）			
	技能训练	1. 能独立且正确地完成"小试牛刀"部分的练习（20分）			
		2. 能独立且正确地完成任务实施（20分）			
	素养提升	1. 按时上下课，并按要求完成课前作业及预习（10分）			
		2. 学习态度端正，积极参与课堂活动，工整、准确地记录笔记（10分）			
		3. 了解城市维护建设税、教育费附加的征收目的，增强制度认同感（10分）			
	合计				

素养课堂

秋风里说"丰"景，涉农税收优惠真不少——全面推进乡村振兴

稻香扑面而来，硕果挂满枝头，让我们走上田间地头，看看如画"丰"景，盘点一下涉农税费优惠政策（图7-1），想想美好明天。

从播种到秋收，随着越来越多的税费支持政策落地见效，农民的生活也会更有赚头，更有盼头！

（出处：福建地税，2023.9.23）

图7-1 涉农税费优惠政策示意

【学原文】

党的二十大报告提出："全面推进乡村振兴。全面建设社会主义现代化国家，最艰巨最繁重的任务仍然在农村。坚持农业农村优先发展，坚持城乡融合发展，畅通城乡要素流动。加快建设农业强国，扎实推动乡村产业、人才、文化、生态、组织振兴。"

【悟原理】

本书中"购进免税农产品允许按照买价的 9%（或 10%）扣除率计算准予抵扣的进项税额"这一内容，也是国家对农业发展的一项优惠扶持政策。首先，农产品生产者销售自产农产品是免税的，这是为了减轻农民的负担。其次，对于企业而言，向农业生产者购买农产品免税，还可以按一定的扣除率计算准予抵扣的进项税额，这样就可以降低企业采购成本，进而增强企业向农业生产者采购的积极性。因此，这项政策一方面可以促进农产品的流通；另一方面可以减轻农产品收购企业的税负，有利于全面推进乡村振兴。

项目八

资本资金的账务处理

项目导读

　　企业在生产经营过程中需要大量资金，而这些资金的来源主要有两个：一是所有者投入，形成企业的实收资本（股本）或资本公积；二是从银行或其他金融机构借入，形成企业的各项借款。企业发生资本资金增减变动业务时会计人员该进行哪些账务处理呢？请同学们开启项目八的学习吧！

目标导学

三维目标

知识目标
1. 能准确地区分短期借款和长期借款
2. 能正确地计算和核算短期借款和长期借款的利息
3. 能准确地说出实收资本和资本公积的区别

技能目标
1. 能独立完成不同投资方式的经济业务的账务处理
2. 能独立完成短期借款业务的账务处理
3. 能独立完成长期借款业务的账务处理

素养目标
1. 正确认知会计职业，树立职业荣誉感
2. 了解华为公司的分蛋糕机制，明确中国式现代化是全体人民共同富裕的现代化

内容导览

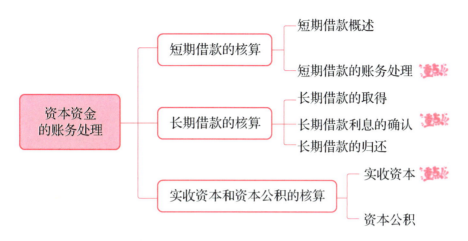

任务一　短期借款的核算

任务描述

永旭公司发生如下经济业务。

业务1：4月1日，从银行取得3个月短期借款140 000元，贷款年利率为6%，按借款合同的规定，利息按月计提，到期支付。

业务2：4月30日，计提借款利息。

业务3：5月31日，计提借款利息。

业务4：6月30日，计提借款利息。

业务5：6月30日，归还借款本金和利息。

请同学们帮助永旭公司完成以上业务的会计处理。如果业务4和业务5合并处理，该如何编制会计分录？

任务解析

企业向银行借入资金需要与银行签订借款合同，借款合同要明确借款本金、利率以及利息的计提及支付方式。在进行会计处理时，要先判断以上信息，再结合所学知识完成会计核算。

知识链接

一、短期借款概述

短期借款是指企业从银行或其他金融机构等借入的期限在1年以下（含1年）的各种款项。短期借款一般是企业为了满足正常生产经营所需的资金或者为了抵偿某项债务而借入的。企业短期借款主要有4种类型：生产经营周转借款、临时借款、结算借款、票据贴现借款。

（1）生产经营周转借款。生产经营周转借款又称为生产周转借款或商品周转借款，是企业因流动资金不能满足正常生产经营需要，而向银行或其他金融机构取得的借款。办理该项借款时，企业应按有关规定向银行提出年度、季度借款计划，经银行核定后，在借款计划中根据借款借据办理借款。

（2）临时借款。临时借款是企业因季节性和临时性客观原因，正常周转的资金不能满足需要，超过生产周转或商品周转款额划入的短期借款。临时借款实行逐笔核贷的办法，借款期限一般为3～6个月，按规定用途使用，并按合同期限归还。

（3）结算借款。结算借款是在采用托收承付结算方式办理销售货款结算的情况下，企业为解决商品发出后至收到托收货款前所需要的在途资金而借入的款项。企业在发货后的规定期间（一般为3天，特殊情况下最长不超过7天）向银行托收的，可申请托收承付结算借款。借款金额通常按托收金额和商定的折扣率进行计算，大致相当于发出商品销售成本加代垫运杂费。企业的货款收回后，银行将自行扣回其借款。

（4）票据贴现借款。企业持有银行承兑汇票或商业承兑汇票时，若发生经营周转困难，可以申请票据贴现借款，期限一般不超过3个月。票据贴现借款额一般是票据的票面金额扣除票据贴现息后的金额，票据贴现借款的利息即票据贴现息，由银行办理票据贴现借款时先行扣除。

二、短期借款的账务处理

为了反映和监督短期借款的取得和归还业务，企业应设置"短期借款"账户。"短期借款"账户为负债类账户，借方登记企业归还的短期借款本金，贷方登记企业借入的各种短期借款，期末余额在贷方，反映尚未归还的短期借款本金。

常用会计分录如下。

（1）借入短期借款时。

借：银行存款

　　贷：短期借款

（2）计提短期借款利息时。

短期借款利息的核算

借：财务费用

　　贷：应付利息

（3）支付短期借款利息时。

借：财务费用（未计提利息）

　　应付利息（已计提利息）

　　　贷：银行存款

（4）归还短期借款本金时。

借：短期借款

　　贷：银行存款

案例分析

【例8-1】1月1日，南阳公司从银行借入金额为200 000元、年利率为6%、期限为6个月的临时借款，根据与银行签署的借款协议，该借款利息按月计提、按季支付，期满一次归还本金。南阳公司在借款期限内应作的会计处理如下。

（1）1月1日借入短期借款时。

借：银行存款　　　　　　　　　　　　　　　　　　　　　　　200 000

　　贷：短期借款　　　　　　　　　　　　　　　　　　　　　　200 000

（2）1月末计提1月利息时。

$$1月利息＝200\,000×6\%÷12＝1\,000（元）$$

借：财务费用　　　　　　　　　　　　　　　　　　　　　　　　1 000

　　贷：应付利息　　　　　　　　　　　　　　　　　　　　　　　1 000

（3）2月末计提2月利息的会计处理与1月相同。

（4）3月末支付第一季度银行借款利息时。

借：财务费用　　　　　　　　　　　　　　　　　　　　　　　　1 000

　　应付利息　　　　　　　　　　　　　　　　　　　　　　　　2 000

　　　贷：银行存款　　　　　　　　　　　　　　　　　　　　　　3 000

其中"财务费用"账户金额为3月末计提的借款利息，"应付利息"账户金额为1—2月已计提的借款利息。

（5）第二季度的会计处理同上。

（6）7月1日归还短期借款时。

借：短期借款　　　　　　　　　　　　　　　　　　　　　　　200 000

　　贷：银行存款　　　　　　　　　　　　　　　　　　　　　　200 000

【例8-2】南阳公司1月1日从银行借入期限为3个月的短期借款，共计120 000元，年

利率为6%，按月计提利息，到期一次还本付息。南阳公司在借款期限内应作的会计处理如下。

（1）1月1日借入短期借款时。

借：银行存款　　　　　　　　　　　　　　　　　　　　120 000
　　贷：短期借款　　　　　　　　　　　　　　　　　　　120 000

（2）1月末计提1月利息时。

$$1月应计提的利息金额 = 120\ 000 \times 6\% \div 12 = 600（元）$$

借：财务费用　　　　　　　　　　　　　　　　　　　　　600
　　贷：应付利息　　　　　　　　　　　　　　　　　　　　600

（3）2月末计提2月利息的会计处理与1月相同。

（4）3月末一次还本付息时。

借：短期借款　　　　　　　　　　　　　　　　　　　120 000
　　应付利息　　　　　　　　　　　　　　　　　　　　1 200
　　财务费用　　　　　　　　　　　　　　　　　　　　　600
　　贷：银行存款　　　　　　　　　　　　　　　　　　　121 800

其中"财务费用"账户金额为3月末计提借款利息，"应付利息"账户金额为1—2月已计提借款利息。

◇小试牛刀

（1）大正公司于1月1日向银行借入一笔生产经营用短期借款，共计120 000元，期限为9个月，年利率为4%。根据大正公司与银行签署的借款协议，该项借款的本金到期后一次归还，利息按季支付。

（2）4月1日，大正公司因急需流动资金，从银行取得5个月期限的借款500 000元，年利率为6%，按月计提利息，8月31日到期偿还本息。

要求：编制大正公司两笔借款从借入、计提利息到偿还本息的全部会计分录。

◇学习随想

请同学们想一想：计提借款利息和直接支付借款利息的区别是什么？

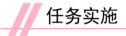 **任务实施**

请你根据所学知识完成任务描述中永旭公司的会计处理。

序号	业务关键词	会计分录	序号	业务关键词	会计分录
1	取得借款时		4	计提 6 月借款利息时	
2	计提 4 月借款利息时		5	归还本金和利息时	
3	计提 5 月借款利息时		6	如果业务 4 和业务 5 合并，会计分录如何做？	

任务总结

请对本次工作任务实施过程进行总结。

收获与成长	
问题与困难	

任务评价

任务	评价项目	评价内容	评价维度		备注
			自评	他评	
短期借款的核算	知识学习	1. 能准确地判断短期借款的时间范围（5分）			
		2. 能准确地说出短期借款的类型（5分）			
		3. 能准确地背诵取得借款、计提利息、归还借款及利息的会计分录（20分）			
	技能训练	1. 能独立且正确地完成"小试牛刀"部分的练习（20分）			
		2. 能独立且正确地完成任务实施（20分）			
	素养提升	1. 按时上下课，并按要求完成课前作业及预习（10分）			
		2. 学习态度端正，积极参与课堂活动，工整、准确地记录笔记（10分）			
		3. 熟记短期借款的分录，做到知法守法，确保将来不从事违反职业道德的行为（10分）			
	合计				

任务二　长期借款的核算

任务描述

永旭公司发生如下经济业务。

2021 年 7 月 1 日，永旭公司为建造办公楼从银行取得借款 1 200 000 元，期限为 3 年，年利率为 8%，按月计提利息，到期一次还本付息。工程从借款之日即开工并发生支出。2022 年 6 月 30 日办公楼建造完毕并交付使用。假设办公楼达到预定可使用状态前发生的借款利息全部符合资本化条件。

请你帮助永旭公司完成关于此项长期借款的全部会计处理。

任务解析

企业向银行等金融机构借入的资金根据期限长短分为短期借款和长期借款两种，期限在 1 年以下（含 1 年）的借款为短期借款，期限大于一年的借款为长期借款。长期借款的核算与

短期借款有什么异同？请同学们在本任务中找找答案吧！

知识链接

长期借款是企业为了满足长期资金需求，向银行或其他金融机构借入的期限在 1 年以上（不含 1 年）或超过一个营业周期的各项借款。长期借款通常用于购买、建造或更新改造固定资产或者为了保持企业的长期经营能力。

长期借款的特点如下。

（1）期限较长。长期借款的期限一般在 1 年以上（不含 1 年）或超过一个营业周期，这意味着企业可以获得较长时间的资金使用权，也需要承担较长时间的还本付息义务。

（2）用途较固定。长期借款一般用于固定资产的购建、改扩建工程、大修理工程及保持企业的长期经营能力等方面，这些用途都是与企业的发展战略和规划相符的，也需要较大规模和较高效率的资金投入。

（3）形式较多样。长期借款可以有不同的形式，如银行贷款、信托贷款、债券发行、租赁融资等，这些形式都有各自的优、劣势和适用条件，企业需要根据自身情况选择合适的形式。

（4）条件较严格。长期借款通常需要提供抵押或担保，或者遵守一定的财务比率和约束条件，这些条件是为了保障债权人的利益和降低风险，但也会限制企业的经营自主性和灵活性。

为了反映和监督长期借款的取得和归还业务，企业应设置"长期借款"账户。该账户按照贷款单位和贷款种类设置明细账，分"本金""应计利息"等进行明细核算。"长期借款"账户为负债类账户，借方登记归还的长期借款，贷方登记取得的长期借款，期末余额在贷方，反映尚未归还的长期借款。

一、长期借款的取得

企业取得长期借款时应根据借款金额，借记"银行存款"账户，贷记"长期借款"账户。会计分录如下。

借：银行存款

　　贷：长期借款——本金

案例分析

【例 8-3】南阳公司于 2021 年 12 月 1 日从银行借入资金 3 000 000 元，借款期限为 3 年，借款年利率为 6.9%，到期一次还本付息，所借款项存入银行。南阳公司应编制如下会计分录。

借：银行存款　　　　　　　　　　　　　　　　　　　　　3 000 000

　　贷：长期借款——本金　　　　　　　　　　　　　　　　　　3 000 000

二、长期借款利息的确认

长期借款利息费用应当在资产负债表日按照实际利率法计算确定，实际利率与合同利率差异较小的，也可以采用合同利率计算确定利息费用，本书假设实际利率与合同利率一致。长期借款按月计提利息时，如果属于分期付息，则贷记"应付利息"账户，如果属于到期一次还本付息，则贷记"长期借款——应计利息"账户。同时，还应根据长期借款的用途按以下原则确认有关成本、费用：属于筹建期间的，借款利息借记"管理费用"账户；属于生产经营期间且与购建固定资产无关的，借款利息借记"财务费用"账户；属于生产经营期间且与购建固定资产相关的，在资产尚未达到预定可使用状态前发生的符合资本化条件的利息支出，借记"在建工程"账户，不符合资本化条件或达到预定可使用状态之后发生的利息支出，借记"财务费用"账户。会计分录如下。

长期借款利息的核算

借：管理费用　　　　　　　　　（筹建期间的长期借款利息）

　　在建工程　　　　　　　　　（因购进固定资产而借入，且借款利息符合资本化条件）

　　财务费用　　　　　　　　　（其他）

　　贷：长期借款——应计利息（到期一次支付利息）

　　　　应付利息　　　　　　　（分期付息）

案例分析

【例8-4】承例8-3，南阳公司于2021年12月31日计提长期借款利息。

南阳公司应作会计处理如下。

2021年12月31日计提的长期借款利息 = 3 000 000×6.9%÷12 = 17 250（元）

借：财务费用　　　　　　　　　　　　　　　　　　　　　17 250

　　贷：长期借款——应计利息　　　　　　　　　　　　　　　17 250

2022年1月—2024年11月每月末预提利息的会计分录同上。

三、长期借款的归还

偿还长期借款的本金时，应按归还的金额，借记"长期借款——本金"账户，贷记"银行存款"账户；若同时偿还利息，则借记"应付利息"或"长期借款——应计利息"账户，贷记"银行存款"账户。会计分录如下。

借：长期借款——本金　　　　　　　　　　　　　　　（本金）
　　　　　　——应计利息　　　　　　　　　　　　　（已计提利息）
　　管理费用/财务费用/在建工程　　　　　　　　　　（未计提利息）
　　贷：银行存款

案例分析

【例8-5】承例8-3和例8-4，南阳公司于2024年12月1日偿还该笔银行借款本息。南阳公司应编制如下会计分录。

借：长期借款——本金　　　　　　　　　　　　　　　　　3 000 000
　　　　　　——应计利息　　　　　　　　　621 000（17 250×36）
　　贷：银行存款　　　　　　　　　　　　　　　　　　　3 621 000

【例8-6】南阳公司于1月1日因建造固定资产从银行取得借款600 000元，期限为3年，年利率为8%，按月计提利息，按季支付利息，到期一次还本（假设利息全部符合资本化条件）。

南阳公司应作会计处理如下。

（1）1月1日取得借款时。

借：银行存款　　　　　　　　　　　　　　　　　　　　600 000
　　贷：长期借款——本金　　　　　　　　　　　　　　600 000

（2）1月末、2月末按月计提利息时。

借：在建工程　　　　　　　　　　4 000（600 000×8%÷12）
　　贷：应付利息　　　　　　　　　　　　　　　　　　　4 000

（3）3月末支付第一季度利息时。

借：应付利息　　　　　　　　　　　8 000（4 000×2）
　　在建工程　　　　　　　　　　　　　　　　　　　4 000
　　贷：银行存款　　　　　　　　　　　　　　　　　　12 000

每季度计提和归还利息的会计分录同上。

（4）最后一年的12月31日归还本金时。

借：长期借款——本金　　　　　　　　　　　　　　　　600 000
　　贷：银行存款　　　　　　　　　　　　　　　　　　600 000

◇小试牛刀

大正公司长期借款业务如下。

2022年1月1日，为建造一幢仓库从银行取得长期借款800万元，期限为3年，合同年利率为6%，利息按月计提，按年支付，到期一次还本。2023年12月31日仓库工程完工并验收合格，达到预定可使用状态。仓库达到预定可使用状态前发生的借款利息全部予以资本化。

要求：分别编制取得借款、计提借款利息、支付借款利息及本金的会计分录。

◇**学习随想**

请同学们想一想：长期借款用途不同时借款利息会计处理的区别是什么？

任务实施

请你根据所学知识完成任务描述中永旭公司的会计处理。

序号	业务关键词	会计分录
1	取得借款时	
2	2021 年 7 月 30 日—2022 年 6 月 30 每月计提借款利息时	
3	2022 年 7 月 30 日—2024 年 6 月 30 每月计提借款利息时	
4	归还本金和利息时	

任务总结

请对本次工作任务实施过程进行总结。

收获与成长	
问题与困难	

任务评价

任务	评价项目	评价内容	评价维度		备注
			自评	他评	
长期借款的核算	知识学习	1. 能准确地判断长期借款的时间范围（10分）			
		2. 能准确地说出长期借款的特点（10分）			
		3. 能准确地背诵取得借款、计提利息、归还借款及利息的会计分录（10分）			
	技能训练	1. 能独立且正确地完成"小试牛刀"部分的练习（20分）			
		2. 能独立且正确地完成任务实施（20分）			
	素养提升	1. 按时上下课，并按要求完成课前作业及预习（10分）			
		2. 学习态度端正，积极参与课堂活动，工整、准确地记录笔记（10分）			
		3. 熟记长期借款的分录，做到知法守法，不从事违反职业道德的行为（10分）			
	合计				

任务三 实收资本和资本公积的核算

任务描述

永旭公司于2020年设立，设立时共收到如下投资：股东张杨投入资本3 000 000元（转账支票）；股东李旭东投入资本500 000元（转账支票）；股东天雅公司投入商标权一项，合同约定价值为1 500 000元。

2024年6月，经协商，新股东五方公司投入原材料一批，合同约定价值为1 200 000元，增值税税额为156 000元。投资协议约定给五方公司20%的股份。

2024年12月，经股东大会决议，将资本公积200 000元转增资本。

任务：

（1）计算永旭公司设立时的注册资本总额及各股东持股比例。

（2）计算五方公司入股后，永旭公司的注册资本总额及各股东的持股比例。

（3）确定资本公积转增资本后各股东的持股比例。

（4）完成上述业务的会计分录。

任务解析

企业设立时收到各投资者的投资总额形成企业的注册资本总额，各投资者缴入的投资额占注册资本总额的比例则构成投资者的持股比例，该比例即投资者参与利润分配的依据。注册资本总额在后续生产经营过程中会发生变化吗？请同学们完成本任务的学习并找到答案吧！

知识链接

一、实收资本

实收资本是指企业各投资者实际投入的资本（或股本）总额，包括货币、实物、无形资产等各种形式的投入。实收资本的构成比例或股东的股份比例，是确定所有者在企业所有者权益中份额的基础，也是企业进行利润或股利分配的主要依据。《中华人民共和国公司法》规定，股东可以用货币出资，也可以用实物、知识产权、土地使用权等资产作价出资；但是，法律、行政法规规定不得作为出资的财产除外。

企业开设"实收资本"账户以核算企业实收资本的变化，"实收资本"账户是所有者权益类账户，核算企业实际收到投资人投入的资本，借方登记实收资本的减少，贷方登记实收资本的增加，期末余额在贷方，反映企业实收资本的总额。

（一）实收资本增加的核算

企业接受投资者投资或转增资本时，若实收资本增加，则企业应区分不同形式的投资，进行相应账务处理。接受投资业务常用会计分录如下。

借：银行存款/原材料/库存商品/固定资产/无形资产等 （投资合同协议确定或约定价格）

应交税费——应交增值税（进项税额） （增值税金额）

贷：实收资本（或股本） （投资合同协议约定股份金额）

资本公积——资本溢价（或股本溢价） （差额）

案例分析

【例 8-7】 甲、乙、丙三人共同投资设立了南阳公司，注册资本为 4 000 000 元，甲、乙、丙出资比例分别为 12.5%、50%、37.5%。南阳公司收到投资者货币资金投资时会计分录如下。

借：银行存款 4 000 000

贷：实收资本——甲	500 000
——乙	2 000 000
——丙	1 500 000

【例8-8】承例8-7，为了扩大经营规模，经批准，南阳公司注册资本扩大为5 000 000元，甲、乙、丙按照原出资比例分别追加投资125 000元、500 000元和375 000元。南阳公司如期收到甲、乙、丙追加的现金投资。

南阳公司应编制如下会计分录。

借：银行存款	1 000 000
贷：实收资本——甲	125 000
——乙	500 000
——丙	375 000

（二）实收资本（或股本）减少的核算

一般情况下，企业的实收资本应相对固定不变，但在某些特定情况下，实收资本也可能发生增减变化。股份有限公司通过"库存股"回购股份，有限责任公司和小企业直接冲减"实收资本"。会计分录如下。

借：实收资本
　　贷：银行存款等

二、资本公积

资本公积是指由投资者投入但不能构成实收资本，或从其他来源取得，直接计入所有者权益的利得和损失等。

（一）资本公积与实收资本（或股本）的区别

1. 从来源和性质看

实收资本（或股本）是指投资者按照企业章程或合同、协议的约定，实际投入企业并依法进行注册的资本，它体现了企业所有者对企业的基本产权关系。资本公积是投资者的出资额超出其在注册资本中所占份额的部分，以及直接记入所有者权益的利得和损失，它不直接表明所有者对企业的基本产权关系。

2. 从用途看

实收资本（或股本）的构成比例是确定所有者参与企业财务经营决策的基础，也是企业进行利润分配或股利分配的依据，同时还是企业清算时确定所有者对净资产的要求权的依据。资本公积的用途主要是转增资本（或股本）。资本公积不体现各所有者的占有比例，也不能作为所有者参与企业财务经营决策或进行利润分配（或股利分配）的依据。

（二）资本公积的核算

资本公积包括资本溢价（或股本溢价）和直接记入所有者权益的利得和损失等，即资本溢价（或股本溢价）和其他资本公积等。其中，资本溢价（或股本溢价）是指企业收到投资者投入的超出其在注册资本（或股本）中所占份额的投资。其他资本公积是指除净损益、其他综合收益和利润分配以外所有者权益的其他变动，也就是直接计入所有者权益的利得和损失（本任务不涉及）。

1. 资本溢价（或股本溢价）

在企业创立时，投资者认缴的出资额与注册资本一致，一般不会产生资本溢价。但是，在企业重组或有新的投资者加入时，常常会出现资本溢价。因为在企业进行正常生产经营后，其资本利润率通常要高于企业初创阶段，另外，企业有内部积累，新投资者加入企业后，对这些积累也要分享，所以新加入的投资者往往要付出大于原投资者的出资额，才能取得与原投资者相同的出资比例，投资者多缴的部分就形成了资本溢价。

资本溢价

 案例分析

【例 8-9】 南阳公司接受 A 公司一台不需要安装的设备作为投资，该设备双方确认的价值为 1 300 000 元，增值税进项税额为 169 000 元。A 公司投资后在注册资本中所占的份额为 1 250 000 元。根据有关资产评估报告及实物转移凭证等，南阳公司应编制如下会计分录。

借：固定资产 1 300 000
　　应交税费——应交增值税（进项税额） 169 000
　　贷：实收资本——A 公司 1 250 000
　　　　资本公积——资本溢价 219 000

2. 资本公积转增资本

企业增加资本主要有三种途径：接受投资者追加投资、资本公积转增资本和盈余公积转增资本。资本公积转增资本时会计分录如下。

借：资本公积
　　贷：实收资本

 案例分析

【例 8-10】 承例 8-9，因扩大经营规模的需要，经批准南阳公司按原出资比例将资本公积 200 000 元转增资本。南阳公司应作会计处理如下。

注册资本总额 = 5 000 000 + 1 250 000 = 6 250 000（元）

甲持股比例 =（500 000 + 125 000）÷ 6 250 000 = 10%

乙持股比例 =（2 000 000 + 500 000）÷ 6 250 000 = 40%

丙持股比例 =（1 500 000 + 375 000）÷ 6 250 000 = 30%

A 公司持股比例 = 1 250 000 ÷ 6 250 000 = 20%

借：资本公积　　　　　　　　　　　　　　　　　　　　200 000

　　贷：实收资本——甲　　　　　　　　　　　　　　　　　20 000

　　　　　　　　——乙　　　　　　　　　　　　　　　　　80 000

　　　　　　　　——丙　　　　　　　　　　　　　　　　　60 000

　　　　　　　　——A 公司　　　　　　　　　　　　　　　40 000

◇小试牛刀

（1）甲、乙、丙三人共同投资设立大正公司，注册资本为 2 000 000 元，甲、乙、丙持股比例分别为 60%、25% 和 15%。大正公司已如期收到投资并存入银行。

（2）3 年后，大正公司收到乙公司作为资本投入的材料一批，收到乙公司交来增值税专用发票一张，注明材料价款为 2 000 000 元，增值税税额为 260 000 元。经约定，大正公司接受乙公司投入资本所占股份份额为 2 140 000 元。不考虑其他因素。

要求：编制相应的会计分录。

任务实施

请你根据所学知识完成任务描述中永旭公司的会计处理。

序号	会计分录	序号	会计分录
1		3	
2		4	

任务总结

请对本次工作任务实施过程进行总结。

收获与成长	
问题与困难	

任务评价

任务	评价项目	评价内容	评价维度		备注
			自评	他评	
实收资本和资本公积的核算	知识学习	1. 能准确地说出不同的投资方式（5分）			
		2. 能准确地说出资本公积的用途（5分）			
		3. 能准确地背诵实收资本以及资本公积增加、减少的会计分录（20分）			
	技能训练	1. 能独立且正确地完成"小试牛刀"部分的练习（20分）			
		2. 能独立且正确地完成任务实施（20分）			
	素养提升	1. 按时上下课，并按要求完成课前作业及预习（10分）			
		2. 学习态度端正，积极参与课堂活动，工整、准确地记录笔记（10分）			
		3. 了解华为公司的分蛋糕机制，明确中国式现代化是全体人民共同富裕的现代化（10分）			
	合计				

素养课堂

华为公司的分蛋糕机制——实现全体人民共同富裕

作为华为公司的创始人，任正非现在在华为的股份仅为 0.8%，即使如此，他依然是华为公司的精神领袖，因为他带领大家将通信市场做大，让我国的科技企业走到了一个全新的

巅峰。

同时，他设计了华为公司内部的分蛋糕机制。

（1）员工持股，让员工变为合伙人。

当员工持股达到公司的99.2%时，这个公司的活力就彻底被激发出来，这么高的员工持股比例，目前没有一个企业家有魄力做到。

（2）坚持分红，让每年的业绩与个人的切身利益挂钩。

只要每个人做到最好，公司的业绩才能不断提升，每个人才有分红。这种直接而简单的挂钩机制让每个员工都在"为了自己的利益而奋斗"。

（3）火线提拔，让优秀员工脱颖而出。

通过各种机制让一线的实践员工能够获得更大的权利和更多的提升机会。

华为公司的战略思维既体现了任正非的企业家精神，又体现出群体智慧、家国情怀已经深深印在他的文化基因里。

【学原文】

党的二十大报告提出："中国式现代化是全体人民共同富裕的现代化。共同富裕是中国特色社会主义的本质要求，也是一个长期的历史过程。我们坚持把实现人民对美好生活的向往作为现代化建设的出发点和落脚点，着力维护和促进社会公平正义，着力促进全体人民共同富裕，坚决防止两极分化。"

【悟原理】

促进共同富裕，一方面要坚持以经济建设为中心，坚持发展是党执政兴国的第一要务，要坚持高质量发展，通过全国人民共同奋斗把"蛋糕"做大做好；另一方面要坚持在发展中保障和改善民生，坚持按劳分配为主体、多种分配方式并存，规范收入分配秩序，规范财富积累机制，通过合理的制度安排把"蛋糕"切好、分好，防止两极分化。

项目九

财务成果的账务处理

项目导读

　　财务成果是企业在一定生产期间经营活动的最终成果，是企业在一定会计期间所实现的各种收入（利得）减去相关费用（损失）后的差额。如果收入（利得）小于费用（损失），则其差额为企业的亏损。企业在一定时期从事全部生产、经营活动所取得的利润或发生的亏损，能综合反映企业的生产、经营活动情况，是考核企业经营管理水平的一个综合指标。

目标导学

三维目标

知识目标
① 能准确地区分收入和利得、费用与损失
② 能正确地进行有关收入(利得)的会计处理
③ 能正确地进行有关费用(损失)的会计处理
④ 能正确地计算企业一定期间的利润并进行会计处理

技能目标
① 能独立完成收入(利得)、费用(损失)的账务处理
② 能独立完成利润及利润分配的核算

素养目标
① 树立降低成本意识，养成勤俭节约的生活习惯
② 树立诚信意识，深入理解高质量发展理念

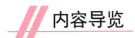

内容导览

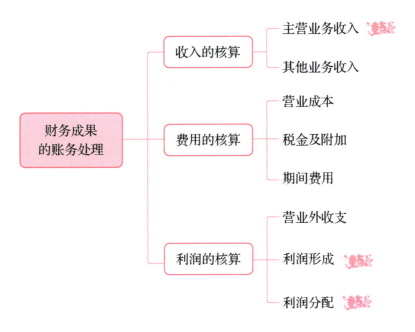

任务一　收入的核算

任务描述

永旭公司1月发生如下业务。

业务1：1月18日，向易达公司销售一批商品，开出的增值税专用发票上注明售价为150 000元，增值税税额为19 500元。该批商品成本为96 000元。当日商品已发出，但未收到货款。

业务2：1月25日，易达公司收到上述商品，经检验有50%的商品有严重质量问题，另50%的商品有轻微质量问题，经与永旭公司商定，有严重质量问题的商品办理退货，有轻微质量问题的商品给予15%的商业折让。永旭公司于当日开出红字专用发票。

业务3：1月29日，永旭公司收到易达公司退回的商品并办理入库业务，同时收到易达公司支付的剩余货款。

请你帮永旭公司完成以上业务的会计处理。

任务解析

你一定进行过网购吧？如果你收到的网购商品质量不合格或你对网购商品不满意，你会怎么做呢？多数人会选择退货或者换货，那么企业之间是否也会发生这样的业务呢？如果发

生这样的业务该怎么进行会计处理呢？

知识链接

收入是企业在日常活动中形成的、会导致所有者权益增加的、与所有者投入资本无关的经济利益的总流入。

收入应具备以下特点。

（1）收入是企业在日常活动中形成的经济利益的总流入。

（2）收入会导致企业所有者权益的增加。

（3）收入与所有者投入资本无关。

按照企业从事日常活动的性质，收入可分为销售商品收入、提供劳务收入和让渡资产使用权收入；按照企业经营业务的主次，收入可以分为主营业务收入和其他业务收入。

一、主营业务收入

主营业务收入是指企业经常性的、主要业务所产生的收入，如制造业销售产品、半成品和提供工业性劳务的收入；商品流通企业的销售商品收入；旅游服务企业的门票收入、客房收入、餐饮收入等。本书以工业企业为例，重点介绍销售产品收入。

工业企业设置"主营业务收入"账户，用于核算企业在销售商品过程中实现的收入，贷方登记主营业务收入的增加额，借方登记销售折让、退回时冲减的主营业务收入以及月末结转到"本年利润"账户的主营业务收入，期末结转后该账户没有余额。

（一）一般销售业务

企业在销售商品时，应按照实际收到或应收的价税合计金额，借记"银行存款""应收账款""应收票据"等账户，按确定的收入金额贷记"主营业务收入"账户，按应收取的增值税税额，贷记"应交税费——应交增值税（销项税额）"账户。常用会计分录如下。

借：银行存款

　　贷：主营业务收入

　　　　应交税费——应交增值税（销项税额）

案例分析

【例9-1】南阳公司销售一批产品，价款为800 000元，增值税税额为104 000元，产品已发出，收到转账支票一张。南阳公司应编制会计分录如下。

借：银行存款 904 000
　　贷：主营业务收入 800 000
　　　　应交税费——应交增值税（销项税额） 104 000

◇小试牛刀

（1）大正公司于 3 月 3 日采用托收承付结算方式向 B 公司销售一批商品，开出的增值税专用发票上注明售价为 100 000 元，增值税税额为 13 000 元，款项未收到。

（2）大正公司销售一批商品，开出的增值税专用发票上注明售价为 600 000 元，增值税税额为 78 000 元；商品已经发出，收到银行承兑汇票一张。

要求：根据以上业务编制大正公司会计分录。

（二）商业折扣业务

商业折扣是指企业为了促进商品销售而给予的价格扣除。企业的商业折扣在销售时即已发生，其不构成商品最终成交价格的一部分，因此，销售商品收入的金额应是扣除商业折扣后的净额。

案例分析

【例 9-2】南阳公司销售一批商品，售价为 50 000 元，经协商给予购货方 10% 的商业折扣，增值税税率为 13%，产品已发出，货款已收到。南阳公司应作会计处理如下。

实际售价 = 50 000×（1-10%）= 45 000（元）

借：银行存款 50 850
　　贷：主营业务收入 45 000
　　　　应交税费——应交增值税（销项税额） 5 850

◇学习随想

请同学们想一想：商业折扣和现金折扣有什么区别？

（三）销售退回的处理

销售退回是企业售出的商品由于质量、品种不符合要求等原因而发生的退回。已确认收入的售出商品发生销售退回的，除属于资产负债表日后事项外，一般应在发生时冲减当期销售商品收入，同时冲减当期销售商品成本，如按规定允许扣减增值税，则应同时冲减已确认的应交增值税销项税额。会计分录如下。

（1）冲减收入并退款时。

借：主营业务收入
　　应交税费——应交增值税（销项税额）
　　贷：银行存款/应收账款

（2）冲减成本并入库时。

借：库存商品

　　贷：主营业务成本

案例分析

【例9-3】南阳公司于3月18日向乙公司销售一批商品，开出的增值税专用发票上注明的售价为50 000元，增值税税额为6 500元。该批商品成本为26 000元。乙公司于3月27日支付货款。7月5日，该批商品因质量问题被乙公司退回，甲公司当日支付有关退货款。会计分录如下。

（1）3月18日销售实现时。

借：应收账款	56 500
贷：主营业务收入	50 000
应交税费——应交增值税（销项税额）	6 500
借：主营业务成本	26 000
贷：库存商品	26 000

（2）3月27日收到货款时。

借：银行存款	56 500
贷：应收账款	56 500

（3）7月5日发生销售退回时。

借：主营业务收入	50 000
应交税费——应交增值税（销项税额）	6 500
贷：银行存款	56 500
借：库存商品	26 000
贷：主营业务成本	26 000

（四）销售折让的处理

销售折让是指企业因售出商品质量不合格等原因而在售价上给予的减让。企业已经确认收入后发生销售折让，且不属于资产负债表日后事项的，应在发生时冲减当期的销售商品收入（不用冲减销售成本），如按规定允许扣减增值税税额，则还应冲减已确认的应交增值税销项税额。会计分录如下。

销售退回与折让

借：主营业务收入	（折让金额）
应交税费——应交增值税（销项税额）	（折让金额×税率）
贷：应收账款/银行存款	（应退金额）

◢◢ 案例分析

【例9-4】1月10日，南阳公司销售一批商品给新兴公司，售价为500 000元，增值税税额为65 000元，已向银行办理托收手续，款项尚未收到。南阳公司确认收入时的会计分录如下。

借：应收账款 565 000
　　贷：主营业务收入 500 000
　　　　应交税费——应交增值税（销项税额） 65 000

【例9-5】承例9-4，1月15日，新兴公司收到货物，验收入库时发现商品质量不合格，经双方协商，南阳公司同意给予5%的销售折让。南阳公司确认折让时的会计分录如下。

借：主营业务收入 25 000（500 000×5%）
　　应交税费——应交增值税（销项税额） 3 250（25 000×13%）
　　贷：应收账款 28 250

【例9-6】承例9-4和例9-5，1月20日，南阳公司收到新兴公司支付的货款。会计分录如下。

借：银行存款 536 750（565 000-28 250）
　　贷：应收账款 536 750

◇小试牛刀

（1）1月16日，大正公司销售一批商品给泰阳公司，增值税专用发票上注明的售价为70 000元，增值税税额为9 100元，款项收到并存入银行。该批商品的成本为50 000元。1月25日，泰阳公司收到货物后发现部分商品质量不合格，大正公司同意给予5%的销售折让，并退回相应款项。

（2）1月16日，大正公司销售一批商品给泰阳公司，增值税专用发票上注明的售价为24 000元，增值税税额为3 120元，款项收到并存入银行。该批商品的成本为12 000元。1月25日，泰阳公司收到货物后发现商品质量不合格，大正公司同意退货，并退回相应款项。1月28日，大正公司收到泰阳公司的退货并已办理入库手续。

要求：根据以上资料编制大正公司销售、收款、销售退回或折让的相关会计分录。

☄ 二、其他业务收入

其他业务收入是指企业主营业务收入以外的所有通过销售材料、提供劳务及让渡资产使用权等日常活动所形成的经济利益的流入，如材料物资及包装物销售、无形资产使用权实施许可、固定资产出租、包装物出租、废旧物资出售等收入。其他业务收入是企业从事除主营

业务以外的其他业务活动所取得的收入，具有不经常发生、金额较小、占收入的比重较低等特点。

企业设置"其他业务收入"账户，用于核算企业其他业务收入的发生和结转，该账户贷方登记其他业务收入的增加额，借方登记销售折让、退回时冲减的其他业务收入以及月末结转到"本年利润"账户的其他业务收入，期末结转后该账户没有余额。

（一）材料物资的出售业务

销售实现时，应按照实际收到或应收的金额，借记"银行存款""应收账款"等账户，按确定的收入金额贷记"其他业务收入"账户，按应收取的增值税税额，贷记"应交税费——应交增值税（销项税额）"账户。会计分录如下。

借：银行存款/应收账款等

　　贷：其他业务收入

　　　　应交税费——应交增值税（销项税额）

▍▍案例分析

【例9-7】 南阳公司销售一批原材料，开出的增值税专用发票上注明售价为20 000元，增值税税额为2 600元，款项已由银行收妥。南阳公司应编制的会计分录如下。

借：银行存款　　　　　　　　　　　　　　　　　22 600

　　贷：其他业务收入　　　　　　　　　　　　　　20 000

　　　　应交税费——应交增值税（销项税额）　　　　2 600

（二）让渡资产使用权业务

让渡资产使用权业务主要包括无形资产（如商标权、专利权、专营权、软件、版权）出租业务、固定资产出租业务、包装物出租业务、低值易耗品出租业务等。

企业收取租金（使用费）时，按收取的金额借记"银行存款""应收账款"等账户，贷记"其他业务收入"账户。会计分录如下。

借：银行存款/应收账款等

　　贷：其他业务收入

　　　　应交税费——应交增值税（销项税额）

▍▍案例分析

【例9-8】 南阳公司于1月1日向新兴公司出租一批包装物，每月租金为120 000元，增值税税额为15 600元。南阳公司每月收取租金时应编制的会计分录如下。

借：银行存款　　　　　　　　　　　　　　　　　　　135 600

　　贷：其他业务收入　　　　　　　　　　　　　　　　120 000

　　　　应交税费——应交增值税（销项税额）　　　　　15 600

◇小试牛刀

（1）大正公司于 1 月 18 日销售一批材料，售价为 20 000 元，增值税税额为 2 600 元，款项已收到并存入银行。

（2）大正公司向红日公司出租设备一套，约定每年年末按年销售收入的 10% 收取使用费，使用期为 10 年。第 1 年，红日公司实现销售收入 1 000 000 元；第 2 年，红日公司实现销售收入 1 500 000 元（不考虑增值税，收入均收到并存入银行）。

要求：根据以上资料编制大正公司会计分录。

任务实施

请你根据所学知识完成任务描述中永旭公司的会计处理。

序号	会计分录	序号	会计分录
1		3	
2			

任务总结

请对本次工作任务实施过程进行总结。

收获与成长	
问题与困难	

任务评价

任务	评价项目	评价内容	评价维度		备注
			自评	他评	
收入的核算	知识学习	1. 能准确地区分主营业务收入、其他业务收入（10分）			
		2. 能准确地背诵主营业务收入的会计分录（10分）			
		3. 能准确地背诵其他业务收入的会计分录（10分）			
	技能训练	1. 能独立且正确地完成"小试牛刀"部分的练习（20分）			
		2. 能独立且正确地完成任务实施（20分）			
	素养提升	1. 按时上下课，并按要求完成课前作业及预习（10分）			
		2. 学习态度端正，积极参与课堂活动，工整、准确地记录笔记（10分）			
		3. 通过销售折让的学习，明确商品质量对企业的重要性，增强诚信意识，深度理解高质量发展的内涵（10分）			
	合计				

任务二　费用的核算

任务描述

永旭公司1月发生如下业务。

业务1：1月18日，报销通信费，行政部为4 000元，销售部为23 000元，以银行存款支付。

业务2：1月25日，结转本月销售商品成本450 000元、销售材料成本30 000元。

业务3：1月29日，计提本月设备折旧，其中生产车间53 000元、行政部3 000元、销售部24 000元、出租设备折旧费4 000元。

业务4：1月29日，计提本月城市维护建设税14 000元、教育费附加6 000元。

业务5：1月29日，计提当月短期借款利息450元。

业务6：1月29日，以银行存款支付印花税50元。

业务7：1月29日，以银行存款支付本月广告费50 000元、增值税6 500元。

请你帮永旭公司完成以上业务的会计处理。

任务解析

企业在生产经营中，要不断地产生收入才能持续下去，而收入的产生势必伴随着成本、费用的发生。企业会经常发生哪些成本费用呢？请同学们在本任务中找一找答案吧。

知识链接

费用是指企业在日常活动中发生的，会导致所有者权益减少的，与向所有者分配利润无关的经济利益的总流出。企业费用主要包括成本费用和期间费用，如图 9-1 所示。

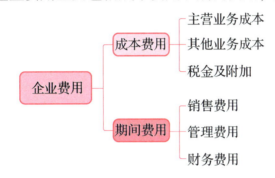

图 9-1　企业费用的内容

一、营业成本

营业成本是企业为生产产品、提供劳务等发生的可归属于产品成本、劳务成本等的费用，在确认收入时，将已销售商品、已提供劳务的成本等记入当期损益。营业成本包括主营业务成本和其他业务成本。

（一）主营业务成本

主营业务成本是指销售商品、提供劳务等经常性活动所发生的成本。企业应设置"主营业务成本"账户，用于核算企业在销售商品过程中的成本支出，借方登记主营业务成本的增加额，贷方登记销售退回时冲减的主营业务成本以及月末结转到"本年利润"账户的主营业务成本，期末结转后该账户没有余额。会计分录如下。

借：主营业务成本
　　贷：库存商品

案例分析

【例 9-9】承例 9-1，南阳公司销售商品的成本为 500 000 元，商品已出库。会计分录如下。

　　借：主营业务成本　　　　　　　　　　　　　　　　　　　　　　　　500 000
　　　　贷：库存商品　　　　　　　　　　　　　　　　　　　　　　　　　　500 000

（二）其他业务成本

其他业务成本是除主营业务活动以外的其他经营活动所发生的支出，如销售材料的成本、随同产品出售且单独计价的包装物成本等。

企业应设置"其他业务成本"账户，用于核算企业其他业务成本的发生和结转，借方登记其他业务成本的增加额，贷方登记销售退回时冲减的其他业务成本以及月末结转到"本年利润"账户的其他业务成本，期末结转后该账户没有余额。会计分录如下。

　　借：其他业务成本
　　　　贷：原材料/累计摊销

案例分析

【例 9-10】　承例 9-7，南阳公司出售材料的成本为 12 000 元，材料已出库。会计分录如下。

　　借：其他业务成本　　　　　　　　　　　　　　　　　　　　　　　　12 000
　　　　贷：原材料　　　　　　　　　　　　　　　　　　　　　　　　　　12 000

【例 9-11】　承例 9-8，南阳公司出租某专利权，本月摊销额为 13 000 元。会计分录如下。

　　借：其他业务成本　　　　　　　　　　　　　　　　　　　　　　　　13 000
　　　　贷：累计摊销　　　　　　　　　　　　　　　　　　　　　　　　　13 000

◇小试牛刀

大正公司近期发生如下业务。

（1）3 月 3 日，向 B 公司销售一批商品，商品成本为 80 000 元，商品已发出。

（2）3 月 3 日，销售的商品被退回，已回收入库。

（3）3 月 18 日，销售一批材料，材料出库单上列明成本为 11 000 元。

（4）向红日公司出租一套设备，每月折旧额为 8 000 元。

要求：根据以上业务编制大正公司会计分录。

二、税金及附加

企业应当设置"税金及附加"账户，核算企业经营活动发生的消费税、城市维护建设税、教育费附加、资源税、房产税、土地使用税、车船税、印花税、土地增值税、环境保护税等相关税费。

其中，按规定计算确定的与经营活动相关的消费税、城市维护建设税、资源税、教育费附加、房产税、土地使用税、车船税等税费，企业应借记"税金及附加"账户，贷记"应交税费"账户。期末，应将"税金及附加"账户余额转入"本年利润"账户，结转后，"税金及附加"账户无余额。企业缴纳的印花税不会发生应付未付税款的情况，不需要预计应纳税金额，同时也不存在与税务机关结算或者清算的问题。因此，企业缴纳的印花税不通过"应交税费"账户核算，于购买印花税票时直接借记"税金及附加"账户，贷记"银行存款"账户。会计分录如下。

借：税金及附加

　　贷：应交税费/银行存款

税金及附加

案例分析

【例9-12】南阳公司销售一批应税消费品，应交消费税30 000元。会计分录如下。

借：税金及附加　　　　　　　　　　　　　　　　　　　　　30 000

　　贷：应交税费——应交消费税　　　　　　　　　　　　　　　　　30 000

【例9-13】南阳公司上交本月应交消费税30 000元。会计分录如下。

借：应交税费——应交消费税　　　　　　　　　　　　　　　30 000

　　贷：银行存款　　　　　　　　　　　　　　　　　　　　　　　30 000

三、期间费用

期间费用是企业日常活动中发生的应直接记入当期损益的费用。期间费用包括销售费用、管理费用和财务费用。

（一）销售费用

销售费用是指企业在销售商品、提供劳务过程中发生的各项费用，包括企业在销售商品过程中发生的包装费、保险费、展览费和广告费、商品维修费、运输费、装卸费等费用，以及企业发生的为销售本企业商品而专设的销售机构的职工薪酬、业务费、折旧费、固定资产修理费等费用。

企业应通过"销售费用"账户核算销售费用的发生和结转情况。该账户借方登记企业所发生的各项销售费用，贷方登记期末结转入"本年利润"账户的销售费用，结转后该账户应无余额。会计分录如下。

借：销售费用

　　贷：银行存款/应付职工薪酬/原材料等

案例分析

【例9-14】 南阳公司为宣传新产品发生广告费 100 000 元，增值税税额为 6 000 元，用银行存款支付。会计分录如下。

借：销售费用——广告费   100 000

     应交税费——应交增值税（进项税额）   6 000

   贷：银行存款   106 000

【例9-15】 南阳公司销售部 1 月共发生费用 200 000 元，其中销售人员工资 100 000 元、销售部专用办公设备折旧费 30 000 元，租金 70 000 元（用银行存款支付）。会计分录如下。

借：销售费用   200 000

   贷：应付职工薪酬   100 000

        累计折旧   30 000

        银行存款   70 000

◇ 小试牛刀

大正公司发生如下业务。

（1）为宣传新产品发生广告费 80 000 元，增值税税额为 4 800 元，用银行存款支付。

（2）销售部 1 月共发生费用 220 000 元，其中销售人员薪酬 100 000 元、办公费 50 000 元、业务费 70 000 元（办公费和业务费均用银行存款支付）。

（3）在销售过程中发生运输费 5 000 元，相应增值税税额为 450 元；装卸费 2 000 元，相应增值税税额为 180 元，均用银行存款支付。

要求：根据以上业务编制大正公司会计分录。

（二）管理费用

管理费用是指企业为组织和管理生产经营活动而发生的各种费用，包括企业在筹建期间发生的开办费、董事会和行政管理部门在企业的经营管理中发生的或者应由企业统一负担的公司经费（包括行政管理部门职工薪酬、物料消耗、低值易耗品摊销、办公费和差旅费等）、董事会费（包括董事会成员津贴、会议费和差旅费等）、聘请中介机构费、咨询费（含顾问费）、诉讼费、业务招待费、技术转让费、研究费、排污费以及企业车间和行政管理部门发生的固定资产修理费等。

企业应通过"管理费用"账户核算管理费用的发生和结转情况。该账户借方登记企业发生的各项管理费用，贷方登记期末转入"本年利润"账户的管理费用，结转后该账户应无余额。会计分录如下。

借：管理费用

　　贷：银行存款/应付职工薪酬/原材料等

案例分析

【例9-16】南阳公司发生办公费30 000元，用银行存款支付。会计分录如下。

借：管理费用　　　　　　　　　　　　　　　　　　　　　　　30 000

　　贷：银行存款　　　　　　　　　　　　　　　　　　　　　　30 000

【例9-17】南阳公司发生业务招待费60 000元，增值税税额为3 600元，开出转账支票支付。会计分录如下。

借：管理费用　　　　　　　　　　　　　　　　　　　　　　　60 000

　　应交税费——应交增值税（进项税额）　　　　　　　　　　　3 600

　　贷：银行存款　　　　　　　　　　　　　　　　　　　　　　63 600

◇小试牛刀

大正公司1月发生如下费用。

（1）行政部报销差旅费25 000元，用银行存款支付。

（2）为拓展产品市场发生业务招待费50 000元，增值税税额为3 000元，均用银行存款支付。

（3）向有关专家咨询一项产品的设计方案，以现金支付咨询费60 000元，增值税税额为3 600元。

（4）行政部门本月共发生费用200 000元，其中行政人员薪酬150 000元，行政部专用办公设备折旧费45 000元，其他办公费、水电费5 000元（已用银行存款支付）（假设不考虑增值税）。

要求：根据以上业务编制大正公司会计分录。

（三）财务费用

财务费用是指企业为筹集生产经营所需资金而发生的筹资费用，包括利息支出（减利息收入）、汇兑损益以及相关的手续费、企业发生或收到的现金折扣等。

企业应通过"财务费用"账户核算财务费用的发生和结转情况。该账户借方登记企业发生的各项财务费用，贷方登记期末结转入"本年利润"账户的财务费用。结转后该账户应无余额。会计分录如下。

借：财务费用

　　贷：银行存款

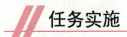 案例分析

【例9-18】 南阳公司到银行办理承兑业务，以银行存款支付承兑手续费500元。会计分录如下。

借：财务费用   500
  贷：银行存款   500

任务实施

请你根据所学知识完成任务描述中永旭公司的会计处理。

序号	会计分录	序号	会计分录
1		5	
2		6	
3		7	
4			

任务总结

请对本次工作任务实施过程进行总结。

收获与成长	

续表

问题与困难	

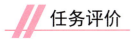

任务评价

任务	评价项目	评价内容	评价维度		备注
			自评	他评	
费用的核算	知识学习	1. 能准确地列举期间费用的内容（10分）			
		2. 能准确地背诵营业成本的会计分录（10分）			
		3. 能准确地背诵期间费用的会计分录（10分）			
	技能训练	1. 能独立且正确地完成"小试牛刀"部分的练习（20分）			
		2. 能独立且正确地完成任务实施（20分）			
	素养提升	1. 按时上下课，并按要求完成课前作业及预习（10分）			
		2. 学习态度端正，积极参与课堂活动，工整、准确地记录笔记（10分）			
		3. 通过成本费用的学习，明确节约成本对企业的重要性，养成节约意识（10分）			
	合计				

任务三　利润的核算

任务描述

永旭公司 2023 年损益类账户的发生额如下：主营业务收入为 165 万元，其他业务收入为 40 万元，主营业务成本为 80 万元，其他业务成本为 23 万元，销售费用为 21 万元，管理费用为 15 万元，财务费用为 2 万元，投资收益为 30 万元，营业外收入为 32 万元，营业务外支出为 8 万元。该公司的所得税税率为 25%（没有其他纳税调整事项），该公司按净利润的 10% 提取法定盈余公积，按净利润的 5% 提取任意盈余公积。经股东大会决议，当年按净利润的 20% 向股东分红。

请帮助永旭公司完成利润形成及分配的所有会计处理。

任务解析

利润是企业的生命，没有利润，企业会逐渐消亡。那么企业如何计算和核算产生的利润呢？企业获得了利润之后又如何进行处理呢？请同学们在本任务中找一找答案吧！

知识链接

利润是指企业在一定会计期间的经营成果，包括收入减去费用后的净额、直接记入当期利润的利得和损失等。

一、营业外收支

（一）营业外收入

营业外收入是指企业发生的与其日常活动无直接关系的各项利得，主要包括非流动资产毁损（报废）收益、盘盈利得、罚没利得、捐赠利得、与收益相关的政府补助、非货币性资产交换利得、债务重组利得、确实无法支付而按规定程序经批准后转作营业外收入的应付款项等。

非流动资产毁损（报废）收益，是指因自然灾害等发生毁损或已丧失使用功能而报废非流动资产所产生的清理收益。

盘盈利得，主要指现金清查盘点中，无法查明原因的现金盘盈报经批准后计入营业外收入的金额。

罚没利得，是指企业取得的各项罚款，在弥补违反合同或协议所造成的经济损失后的罚款净收益。

捐赠利得，是指企业接受捐赠产生的利得。

常用会计分录如下。

借：固定资产清理　　　　　　　　　　　　　　（非流动资产毁损报废收益）

　　待处理财产损溢　　　　　　　　　　　　　　（现金盘盈利得）

　　其他应收款　　　　　　　　　　　　　　　　（罚没利得）

　　应付账款　　　　　　　　　　　　　　　　　（无法支付的应付款项）

　　贷：营业外收入

案例分析

【例 9-19】南阳公司将固定资产报废清理的净收益 10 000 元转作营业外收入。会计分录如下。

借：固定资产清理　　　　　　　　　　　　　　　　　　　　　10 000

　　贷：营业外收入　　　　　　　　　　　　　　　　　　　　　　10 000

【例 9-20】南阳公司原欠 A 公司货款 12 300 元，经确认已经无法支付。会计分录如下。

借：应付账款——A 公司　　　　　　　　　　　　　　　　　　12 300

　　贷：营业外收入　　　　　　　　　　　　　　　　　　　　　　12 300

◇小试牛刀

（1）大正公司在清查现金时，盘盈现金 500 元，经批准转作营业外收入。

（2）大正公司收到违约金收入 15 000 元并存入银行。

要求：编制大正公司会计分录。

（二）营业外支出

营业外支出是指企业发生的与其日常活动无直接关系的各项损失，主要包括非流动资产毁损（报废）损失、盘亏损失、罚款支出、捐赠支出、非常损失等。

非流动资产毁损（报废）损失，是指因自然灾害等发生毁损或已丧失使用功能而报废非流动资产所产生的清理损失。

盘亏损失，主要指在财产清查中，对于意外灾害等原因造成的资产盘亏，在查明原因处理时按确定的损失计入营业外支出的金额。

罚款支出，是指企业由于违反税收法规、经济合同等而支付的各种滞纳金和罚款。

捐赠支出，是指企业对外进行捐赠发生的支出。

非常损失，是指企业对于客观因素（如自然灾害等）造成的损失，在扣除保险公司赔偿后应计入营业外支出的净损失。

常用会计分录如下。

借：营业外支出

    贷：固定资产清理 （非流动资产毁损报废损失）

        待处理财产损溢 （盘亏损失、非常损失）

        其他应付款/银行存款 （罚款支出）

        原材料/固定资产/库存商品等 （捐赠支出）

案例分析

【例 9-21】南阳公司将已经发生的仓库意外灾害净损失 250 000 元转作营业外支出。会计分录如下。

借：营业外支出   250 000

    贷：待处理财产损溢——待处理固定资产损溢   250 000

【例 9-22】南阳公司用银行存款支付税收滞纳金 50 000 元。会计分录如下。

借：营业外支出   50 000

    贷：银行存款   50 000

◇小试牛刀

（1）大正公司用银行存款向灾区捐款 30 000 元。

（2）大正公司报废专利权一项，该无形资产的账面原价为 60 000 元，已摊销 40 000 元。

要求：编制大正公司会计分录。

二、利润形成

（一）利润的构成

利润包括以下三个层次。

（1）营业利润=营业收入-营业成本-税金及附加-销售费用-管理费用-财务费用-资产减值损失+公允价值变动收益（-公允价值变动损失）+投资收益（-投资损失）。

（2）利润总额=营业利润+营业外收入-营业外支出。

（3）净利润=利润总额-所得税费用。

◇小试牛刀

大正公司本期主营业务收入为 165 万元，其他业务收入为 10 万元，主营业务成本为 60 万元，其他业务成本为 3 万元，销售费用为 21 万元，管理费用为 15 万元，财务费用为 2 万元，投资收益为 30 万元，营业外收入为 32 万元，营业务外支出为 8 万元，所得税费用为 30 万元。

要求：计算大正公司的营业利润、利润总额和净利润。

（二）利润形成的账务处理

企业应设置"本年利润"账户，核算企业利润（或亏损）总额。该账户借方登记转入的费用（损失），贷方登记转入的收入（利得）。年度终了，应将"本年利润"账户借、贷方金额相抵后结出本年实现的净利润（或净亏损），由"本年利润"账户转入"利润分配——未分配利润"账户，结转后该账户无余额。结转损益的会计分录如下。

结转损益

（1）结转收入（利得）类账户时。

借：主营业务收入

其他业务收入

投资收益

营业外收入

贷：本年利润

（2）结转费用（损失）类账户时。

借：本年利润

贷：主营业务成本

其他业务成本

税金及附加

销售费用

管理费用

财务费用

营业外支出

（3）计算所得税时。

借：所得税费用

贷：应交税费——应交所得税

（4）结转所得税时。

借：本年利润

贷：所得税费用

▰▰ 案例分析

【例9-23】南阳公司2023年1月有关损益类账户的发生额如表9-1所示，该公司的所得税税率为25%（假设不考虑纳税调整事项）。

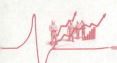

表 9-1　南阳公司各损益类账户的发生额

2023 年 1 月　　　　　　　　　　　　　　　　　　　单位：元

收入、利得类	贷方发生额	费用、损失类	借方发生额
主营业务收入	475 000	主营业务成本	325 000
其他业务收入	100 000	其他业务成本	75 000
投资收益	7 500	税金及附加	18 000
营业外收入	20 000	销售费用	20 000
		管理费用	60 000
		财务费用	12 500
		营业外支出	35 000

南阳公司应作的有关会计处理如下。

（1）结转各项收入、利得时。

借：主营业务收入　　　　　　　　　　　　　　　　　　　　　　　　475 000

　　其他业务收入　　　　　　　　　　　　　　　　　　　　　　　　100 000

　　投资收益　　　　　　　　　　　　　　　　　　　　　　　　　　　7 500

　　营业外收入　　　　　　　　　　　　　　　　　　　　　　　　　 20 000

　　　贷：本年利润　　　　　　　　　　　　　　　　　　　　　　　　　　602 500

（2）结转各项费用、损失时。

借：本年利润　　　　　　　　　　　　　　　　　　　　　　　　　　545 500

　　　贷：主营业务成本　　　　　　　　　　　　　　　　　　　　　　　　325 000

　　　　　其他业务成本　　　　　　　　　　　　　　　　　　　　　　　　 75 000

　　　　　税金及附加　　　　　　　　　　　　　　　　　　　　　　　　　 18 000

　　　　　销售费用　　　　　　　　　　　　　　　　　　　　　　　　　　 20 000

　　　　　管理费用　　　　　　　　　　　　　　　　　　　　　　　　　　 60 000

　　　　　财务费用　　　　　　　　　　　　　　　　　　　　　　　　　　 12 500

　　　　　营业外支出　　　　　　　　　　　　　　　　　　　　　　　　　 35 000

（3）计算应纳所得税时。

应纳所得税 =（602 500 - 545 500）×25% = 14 250（元）

借：所得税费用　　　　　　　　　　　　　　　　　　　　　　　　　 14 250

　　　贷：应交税费——应交所得税　　　　　　　　　　　　　　　　　　　 14 250

（4）结转所得税费用时。

借：本年利润　　　　　　　　　　　　　　　　　　　　　　　　　　 14 250

　　　　贷：所得税费用　　　　　　　　　　　　　　　　　　　14 250

　　南阳公司当月实现的净利润=（602 500-545 500）-14 250=42 750（元）

◇小试牛刀

　　大正公司2023年1月有关损益类账户的发生额如表9-2所示。该公司的所得税税率为25%。除上述事项外，无其他纳税调整因素。

表9-2　大正公司损益类账户发生额

2023 年 1 月　　　　　　　　　　　　　　　　　　单位：元

收入、利得类	贷方发生额	费用、损失类	借方发生额
主营业务收入	600 000	主营业务成本	425 000
其他业务收入	100 000	其他业务成本	65 000
投资收益	9 500	税金及附加	15 000
营业外收入	10 000	销售费用	21 000
		管理费用	5 000
		财务费用	12 000
		营业外支出	25 000

　　要求：进行如下会计处理：①结转各项收入、利得；②结转各项费用、损失；③计算应纳所得税；④结转所得税费用；⑤计算净利润。

三、利润分配

　　利润分配是指企业根据国家有关规定和企业章程、投资者协议等，对企业当年可供分配的利润所进行的分配。利润分配的顺序依次是：提取法定盈余公积、提取任意盈余公积、向投资者分配利润。

　　企业应通过"利润分配"账户，核算企业利润的分配（或亏损的弥补）和历年分配（或弥补）后的未分配利润（或未弥补亏损）。本账户应当设置"提取法定盈余公积""应付利润（股利）""未分配利润"等明细账户。

（一）结转净利润

　　年度终了，企业应将全年实现的净利润或发生的净亏损，自"本年利润"账户转入"利润分配——未分配利润"账户。"利润分配——未分配利润"账户如为贷方余额，表示累积未分配的利润数额；如为借方余额，则表示累积未弥补的亏损数额。会计分录如下。

　　借：本年利润

　　　　贷：利润分配——未分配利润

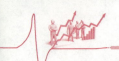

案例分析

【例9-24】 南阳公司2023年全年实现净利润585 000元，年末结转净利润的会计分录如下。

借：本年利润　　　　　　　　　　　　　　　　　　　　　　585 000

　　贷：利润分配——未分配利润　　　　　　　　　　　　　　　　585 000

（二）提取盈余公积

企业实现净利润后，要按规定提取盈余公积，计提基数为当年实现的净利润总额。法定盈余公积的提取比例为净利润的10%，任意盈余公积的提取与否及提取比例由股东大会根据企业发展的需要和盈余情况决定，法律不作强制规定。会计分录如下。

借：利润分配——提取法定盈余公积

　　贷：盈余公积——法定盈余公积

案例分析

【例9-25】 承例9-24，南阳公司按当年净利润的10%提取法定盈余公积。会计分录如下。

借：利润分配——提取法定盈余公积　　　　　　　　　　　　　58 500

　　贷：盈余公积——法定盈余公积　　　　　　　　　　　　　　　58 500

（三）向投资者分配利润（股利）

企业实现盈利后，除了要按规定提取盈余公积之外，还要向投资者分配利润，而这些利润在应付未付之前暂时留在企业内，构成了企业的一项负债。因此，向投资者分配利润时需通过"利润分配"和"应付利润（股利）"账户进行核算。会计分录如下。

借：利润分配——应付股利

　　贷：应付股利

案例分析

【例9-26】 南阳公司经股东大会决议，对外宣告发放现金股利320 000元。会计分录如下。

借：利润分配——应付股利　　　　　　　　　　　　　　　　　320 000

　　贷：应付股利　　　　　　　　　　　　　　　　　　　　　　320 000

（四）结转未分配利润

企业的净利润通过提取盈余公积、向投资者分红等分配过程之后还有剩余，就形成了未分配利润。未分配利润是企业的剩余利润，它是企业留待以后年度进行分配的历年结存的利

润。相对于所有者权益的其他部分来说，企业对于未分配利润的使用有较大的自主权。会计分录如下。

借：利润分配——未分配利润

　　贷：利润分配——提取法定盈余公积

　　　　　　　　——应付股利

案例分析

【例9-27】承例9-25、例9-26，南阳公司结转未分配利润应作的会计分录如下。

借：利润分配——未分配利润　　　　　　　　　　　　　　378 500

　　贷：利润分配——提取法定盈余公积　　　　　　　　　　　58 500

　　　　　　　　——应付股利　　　　　　　　　　　　　　320 000

结转未分配利润后，"利润分配——未分配利润"账户本期借方、贷方发生额相抵之后的余额为本期产生的未分配利润或未弥补的亏损，如本例中，"利润分配——未分配利润"本期借方发生额为 378 500 元，贷方发生额为 585 000 元，二者相抵后余额在贷方为 206 500 元，表示本期产生的未分配利润。

◇小试牛刀

大正公司在 2023 年实现净利润 1 000 000 元，本年按照净利润的 10% 提取法定盈余公积，按净利润的 20% 发放现金股利。

要求：编制大正公司利润分配的相关会计分录，并计算当年实现的未分配利润金额。

任务实施

请你根据所学知识完成任务描述中永旭公司的会计处理。

序号	会计分录	序号	会计分录
1		5	
2		6	
3		7	
4			

任务总结

请对本次工作任务实施过程进行总结。

收获与成长	
问题与困难	

任务评价

任务	评价项目	评价内容	评价维度		备注
			自评	他评	
利润的核算	知识学习	1. 能正确地计算企业的各项利润（10分）			
		2. 能准确地背诵利润形成的会计分录（10分）			
		3. 能准确地背诵利润分配的会计分录（10分）			
	技能训练	1. 能独立且正确地完成"小试牛刀"部分的练习（20分）			
		2. 能独立且正确地完成任务实施（20分）			
	素养提升	1. 按时上下课，并按要求完成课前作业及预习（10分）			
		2. 学习态度端正，积极参与课堂活动，工整、准确地记录笔记（10分）			
		3. 通过营业外收、支的学习，了解对外捐赠业务，树立积极参与公益事业的意识（10分）			
	合计				

素养课堂

质量是企业的生命——着力推进高质量发展

质量是企业的生命，质量是品牌的核心，离开质量大谈品牌，就等于贩卖狗皮膏药。产品是企业与市场之间的桥梁，是企业向客户传递价值的重要载体。一个成功的企业需要提供高质量、有竞争力的产品来满足市场需求，从而获得市场份额和利润。

海尔集团是我国家电行业中第一个通过ISO9001认证的企业，其总经理张瑞敏把质量看作企业的生命，在"海尔"创牌之初，工厂内部查出76台不合格电冰箱，张瑞敏在厂内举办了"废品展览会"，并当众砸烂了这批不合格产品，使全体职工深受震撼。由于全体职工能够齐心协力严格质量控制和质量管理，"海尔"品牌在消费者心目中的信誉与日俱增，成为我国家电行业的第一名牌。

无锡小天鹅股份有限公司（以下简称"小天鹅公司"）生产的"小天鹅"全自动洗衣机曾连续5年市场占有率在40%以上。"小天鹅"靠什么飞得如此高远，成为全国洗衣机行业公认的排头兵呢？小天鹅公司的全体员工认为："质量是企业的生命""广大消费者是企业的'衣食父母'"。

国内外因注重质量而取胜的企业不胜枚举，只有注重质量并切实为提高质量付出行动，一个企业才能焕发出勃勃生机，才能在市场竞争中脱颖而出，一鸣惊人。

【学原文】

党的二十大报告提出："建设现代化产业体系。坚持把发展经济的着力点放在实体经济上，推进新型工业化，加快建设制造强国、质量强国、航天强国、交通强国、网络强国、数字中国。"

【悟原理】

党的二十大报告指出，高质量发展是全面建设社会主义现代化国家的首要任务。海尔集团和小天鹅公司的成功案例充分说明了企业必须重视产品质量，守住产品质量就是守住企业品牌，守住企业信誉，守住财富。

项目十

会计报表的编制

项目导读

　　会计报表是指根据日常会计核算资料定期编制的，综合反映企业某一特定日期财务状况或某一会计期间经营成果、现金流量的总结性书面文件。它是企业财务报告的重要组成部分，是企业向外传递会计信息的主要手段。我国现行制度规定，企业向外提供的会计报表主要包括资产负债表、利润表、现金流量表、利润分配表、所有者权益变动表等。

目标导学

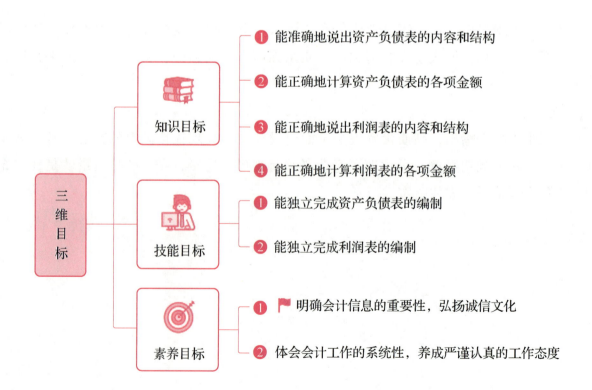

三维目标

知识目标
1. 能准确地说出资产负债表的内容和结构
2. 能正确地计算资产负债表的各项金额
3. 能正确地说出利润表的内容和结构
4. 能正确地计算利润表的各项金额

技能目标
1. 能独立完成资产负债表的编制
2. 能独立完成利润表的编制

素养目标
1. 明确会计信息的重要性，弘扬诚信文化
2. 体会会计工作的系统性，养成严谨认真的工作态度

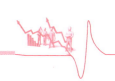

内容导览

任务一 编制资产负债表

任务描述

永旭公司 2023 年 12 月 31 日全部总账账户的期末余额如表 10-1 所示。

表 10-1 永旭公司总账账户的期末余额表

2023 年 12 月 31 日　　　　　　　　　　　　　　单位：元

资产类账户	借方余额	权益类账户	贷方余额
库存现金	4 000	短期借款	100 000
银行存款	1 572 270	应付票据	200 000
其他货币资金	14 600	应付账款	1 899 100
应收票据	132 000	应付职工薪酬	360 000
应收账款	1 200 000	应交税费	453 464
坏账准备	−3 600	应付股利	64 430
预付账款	20 0000	其他应付款	100 000
其他应收款	10 000	长期借款	2 320 000
在途物资	550 000	实收资本	10 000 000
原材料	270 000	盈余公积	249 540
周转材料	76 100	利润分配	381 436

续表

资产类账户	借方余额	权益类账户	贷方余额
库存商品	4 244 800		
固定资产	5 721 800		
累计折旧	−400 000		
在建工程	1 456 000		
无形资产	1 200 000		
累计摊销	−120 000		
合计	16 127 970	合计	16 127 970

请同学们根据以上资料编制永旭公司2023年12月31日的资产负债表。

任务解析

经济业务发生后，会计人员首先取得原始凭证，根据审核无误的原始凭证填写记账凭证，再根据记账凭证登记账簿，每月结账后还可以计算得出全部账户的余额。如果想了解企业的财务状况，该查看哪些资料？

知识链接

资产负债表是反映企业在某一特定日期财务状况的报表。资产负债表主要反映资产、负债和所有者权益三方面的内容，以"资产=负债+所有者权益"平衡公式为编制依据。

一、资产负债表的内容和结构

资产负债表的内容主要包括资产、负债、所有者权益三个方面。我国企业的资产负债表采用账户式结构。账户式资产负债表分为左、右两方，左方为资产项目，右方为负债和所有者权益项目。资产负债表由表头、表体和补充资料三个部分构成。

（一）表头

表头部分包括报表名称、编制单位、编表时间和金额单位等内容。由于该表反映企业在某一时点的财务状况，属于静态报表，所以，一定要注明是某年某月某日的报表。

（二）表体

表体是资产负债表的主体部分，主要反映资产负债表各项目的期初余额和期末余额。资产负债表包括资产、负债和所有者权益三个会计要素；各要素按一定的标准进行分类，并按一定的顺序排列。资产项目按照其流动性的大小（即变现能力的强弱）排列，流动性大的在

前，流动性小的在后；负债项目按照偿还期限的长短排列，期限短的在前，期限长的在后；所有者权益项目按其永久程度排列，永久程度高的在前，永久程度低的在后。

（三）补充资料

补充资料包括附注和附列资料等内容，填列一些不能直接列入资产负债表的项目，如采用的主要会计处理方法、会计处理方法的变更情况、有关重要项目的明细资料等。

资产负债表样例如表10-2所示。

表10-2　资产负债表样例

编制单位：　　　　　　　　　年　　月　　日　　　　　　　　单位：

资产	期末余额	年初余额	负债和所有者权益	期末余额	年初余额
流动资产：			流动负债：		
货币资金			短期借款		
交易性金融资产			交易性金融负债		
应收票据			应付票据		
应收账款			应付账款		
预付款项			预收款项		
应收利息			应付职工薪酬		
应收股利			应交税费		
其他应收款			应付利息		
存货			应付股利		
一年内到期的非流动资产			其他应付款		
其他流动资产			一年内到期的非流动负债		
流动资产合计			其他流动负债		
非流动资产：			流动负债合计		
可供出售金融资产			非流动负债：		
持有至到期投资			长期借款		
长期应收款			应付债券		
长期股权投资			长期应付款		
投资性房地产			专项应付款		
固定资产			预计负债		
在建工程			递延所得税负债		

续表

资产	期末余额	年初余额	负债和所有者权益	期末余额	年初余额
工程物资			其他非流动负债		
固定资产清理			非流动负债合计		
生产性生物资产			负债合计		
油气资产			所有者权益		
无形资产			实收资本（或股本）		
开发支出			资本公积		
商誉			减：库存股		
长期待摊费用			盈余公积		
递延所得税资产			未分配利润		
其他非流动资产			所有者权益合计		
非流动资产合计					
资产总计			负债和所有者权益总计		

二、资产负债表的编制方法

我国企业资产负债表各项目的编制方法主要有以下几种：根据单一或多个总账账户余额填列、根据明细账户余额计算填列、根据总账账户和明细账户余额分析计算填列、根据有关账户余额减去其备抵账户余额后的净额填列、综合运用上述填列方法分析填列。

认识资产负债表

（一）根据单一或多个总账账户余额填列

如"短期借款""资本公积"等项目，根据"短期借款""资本公积"各总账账户的余额直接填列；有些项目则需要根据几个总账账户的期末余额计算填列，如"货币资金"项目，需根据"库存现金""银行存款""其他货币资金"三个总账账户的期末余额的合计数填列。

案例分析

【例10-1】 南阳公司1月31日"库存现金""银行存款""其他货币资金"账户的总账余额分别为5 000元、454 000元和357 200元，则资产负债表中"货币资金"项目的金额为

$$5\ 000+454\ 000+357\ 200=816\ 200（元）$$

（二）根据明细账户余额计算填列

如"应付账款"项目，需要根据"应付账款"和"预付账款"两个账户所属相关明细账户的期末贷方余额计算填列；"预付款项"项目，需要根据"应付账款"账户和"预付账款"账户所属相关明细账户的期末借方余额计算填列；"应收款项"项目，需要根据"应收账款"账户和"预收账款"账户所属相关明细账户的期末借方余额合计填列（假设没有计提坏账准备）；"预收款项"项目，需要根据"应收账款"账户和"预收账款"账户所属相关明细账户的期末贷方余额合计填列；"开发支出"项目，需要根据"研发支出"账户所属的"资本化支出"明细账户期末余额计算填列；"应付职工薪酬"项目，需要根据"应付职工薪酬"账户"长期职工薪酬"以外明细账户期末余额计算填列；"一年内到期的非流动资产""一年内到期的非流动负债"项目，需要根据相关非流动资产和非流动负债项目的明细账户余额计算填列。

◇**学习随想**

请同学们想一想："研发支出"账户所属的"费用化支出"为什么不能记入"开发支出"？

案例分析

【例 10-2】南阳公司 1 月 31 日结账后有关账户所属明细账户借贷方余额如表 10-3 所示。

表 10-3 南阳公司往来类账户余额 单位：元

账户名称	明细账户借方余额合计	明细账户贷方余额合计
应收账款	1 600 000	100 000
预付账款	800 000	60 000
应付账款	400 000	1 800 000
预收账款	600 000	1 400 000

假设"坏账准备"账户无余额。南阳公司 1 月 31 日资产负债表中相关项目的金额如下。

（1）"应收账款"项目＝"应收账款"明细账户借方余额＋"预收账款"明细账户借方余额＝1 600 000+600 000＝2 200 000（元）。

（2）"预付款项"项目＝"应付账款"明细账户借方余额＋"预付账款"明细账户借方余额＝400 000+800 000＝1 200 000（元）。

（3）"应付账款"项目＝"应付账款"明细账户贷方余额＋"预付账款"明细账户贷方余额＝1 800 000+60 000＝1 860 000（元）。

（4）"预收款项"项目＝"预收账款"明细账户贷方余额＋"应收账款"明细账户贷方余额＝1 400 000+100 000＝1 500 000（元）。

◇**小试牛刀**

大正公司 12 月 31 日结账后有关账户及所属明细账户余额如表 10-4 所示。

表 10-4　往来类账户余额 　　　　　　　　　　　　　单位：元

账户名称	明细账户借方余额合计	明细账户贷方余额合计
应收账款	340 000	40 000
预付账款	220 000	50 000
应付账款	140 000	530 000
预收账款	50 000	200 000

要求：计算大正公司资产负债表中"应收账款""预付款项""应付账款""预收款项"项目的金额。假设"坏账准备"账户无余额。

（三）根据总账账户和明细账户余额分析计算填列

资产负债表的有些项目，需要依据总账账户和明细账户两者的余额分析填列。例如，"长期借款"项目，应根据"长期借款"总账账户余额扣除"长期借款"账户所属的明细账户中将在资产负债表日起一年内到期（且企业不能自主地将清偿义务展期）的长期借款后的金额填列。"未分配利润"项目，应根据"利润分配——未分配利润"账户（加贷减借）和"本年利润"账户余额（加贷减借）计算填列。

案例分析

【例 10-3】南阳公司 2023 年 1 月 31 日长期借款总账账户余额为 4 500 000 元，借款情况如表 10-5 所示。

表 10-5　长期借款账龄分析

借款起始日期	借款期限/年	金额/元
2022 年 1 月 1 日	3	1 000 000
2020 年 1 月 1 日	4	1 500 000
2019 年 1 月 1 日	5	2 000 000
合计		4 500 000

南阳公司 2023 年 1 月 31 日资产负债表中"长期借款"项目金额为 1 000 000 元，将于一年内到期的非流动负债金额为（2 000 000+1 500 000）= 3 500 000（元）。

本例中，南阳公司应当将"长期借款"总账账户余额 4 500 000 元，减去一年内到期的长期借款 3 500 000 元计算"长期借款"项目的金额。

（四）根据有关账户余额减去其备抵账户余额后的净额填列

如资产负债表中"应收票据""应收账款""长期股权投资""在建工程"等项目，应当根据"应收票据""应收账款""长期股权投资""在建工程"等账户的期末余额减去"坏账准备""长期股权投资减值准备""在建工程减值准备"等备抵账户余额后的净额填列。"固定资产"项目，应当根据"固定资产"账户的期末余额，减去"累计折旧""固定资产减值准备"等备抵账户的期末余额后的净额填列；"无形资产"项目，应当根据"无形资产"账户的期末余额，减去"累计摊销""无形资产减值准备"等备抵账户余额后的净额填列。

案例分析

【例10-4】南阳公司1月31日结账后的"固定资产"账户余额为2 000万元，"累计折旧"账户余额为550万元，"固定资产减值准备"账户余额为50万元，则资产负债表中"固定资产"项目的列示金额应为

$$2\ 000-550-50=1\ 400（万元）$$

（五）综合运用上述填列方法分析填列

资产负债表中的"存货"项目，需根据"原材料""库存商品""委托加工物资""周转材料""材料采购""在途物资""发出商品""材料成本差异"（加借减贷）"生产成本"等总账账户期末借方余额进行汇总，再减去"存货跌价准备"账户余额后的净额填列。

案例分析

【例10-5】南阳公司采用计划成本核算材料，1月31日结账后有关账户余额为："材料采购"账户140 000元（借方）、"原材料"账户2 400 000元（借方）、"周转材料"账户1 800 000元（借方）、"库存商品"账户1 600 000元（借方）、"生产成本"账户600 000元（借方）、"材料成本差异"账户120 000元（贷方）、"存货跌价准备"账户210 000元（贷方）。

南阳公司1月31日资产负债表中的"存货"项目金额为

140 000+2 400 000+1 800 000+1 600 000+600 000-120 000-210 000=6 210 000（元）

◇小试牛刀

大正公司账户12月31日相关账户余额如下。

"利润分配——未分配利润"贷方余额230 000元、"固定资产"账户借方余额345 000元、"累计折旧"账户贷方余额342 000元、"无形资产"账户借方余额230 000元、"累计摊销"账户贷方余额24 000元、"原材料"账户借方余额214 000元、"周转材料"账户借方余额14 700元、"库存商品"账户借方余额340 000元、"生产成本"账户借方余额50 000元。

要求：根据以上资料计算大正公司账户12月31日的资产负债表中未分配利润、固定资产、无形资产、存货的金额。

任务实施

请你根据所学知识完成任务描述中永旭公司的会计处理（表10-6）。

表10-6　资产负债表

编制单位：　　　　　　　　年　　月　　日　　　　　　　　　单位：

资产	期末余额	年初余额	负债和所有者权益	期末余额	年初余额
流动资产：			流动负债：		
货币资金			短期借款		
交易性金融资产			交易性金融负债		
应收票据			应付票据		
应收账款			应付账款		
预付款项			预收款项		
应收利息			应付职工薪酬		
应收股利			应交税费		
其他应收款			应付利息		
存货			应付股利		
一年内到期的非流动资产			其他应付款		
其他流动资产			一年内到期的非流动负债		
流动资产合计			其他流动负债		
非流动资产：			流动负债合计		
可供出售金融资产			非流动负债：		
持有至到期投资			长期借款		
长期应收款			应付债券		
长期股权投资			长期应付款		
投资性房地产			专项应付款		
固定资产			预计负债		
在建工程			递延所得税负债		
工程物资			其他非流动负债		
固定资产清理			非流动负债合计		
生产性生物资产			负债合计		

资产	期末余额	年初余额	负债和所有者权益	期末余额	年初余额
油气资产			所有者权益		
无形资产			实收资本（或股本）		
开发支出			资本公积		
商誉			减：库存股		
长期待摊费用			盈余公积		
递延所得税资产			未分配利润		
其他非流动资产			所有者权益合计		
非流动资产合计					
资产总计			负债和所有者权益总计		

任务总结

请对本次工作任务实施过程进行总结。

收获与成长	
问题与困难	

任务评价

任务	评价项目	评价内容	评价维度		备注
			自评	他评	
编制资产负债表	知识学习	1. 能准确地说出资产负债表的内容和结构（10 分）			
		2. 能准确地说出资产负债表的填制方法（20 分）			
	技能训练	1. 能独立且正确地完成"小试牛刀"部分的练习（20 分）			
		2. 能独立且正确地完成任务实施（20 分）			
	素养提升	1. 按时上下课，并按要求完成课前作业及预习（10 分）			
		2. 学习态度端正，积极参与课堂活动，工整、准确地记录笔记（10 分）			
		3. 通过资产负债表的编制，体会会计工作的系统性，养成严谨认真的工作态度（10 分）			
	合计				

任务二　编制利润表

任务描述

永旭公司 2023 年 2 月损益类账户发生额如下：主营业务收入 165 万元（贷方）、其他业务收入 10 万元（贷方）、主营业务成本 60 万元（借方）、其他业务成本 3 万元（借方）、销售费用 21 万元（借方）、管理费用 15 万元（借方）、财务费用 2 万元（借方）、投资收益 30 万元（贷方）、营业外收入 32 万元（贷方）、营业外支出 8 万元（借方）、所得税费用为 32 万元（借方）。

请根据以上资料编制永旭公司 2 月的利润表。

任务解析

损益类账户月末要结转到本年利润账户，如何查询企业的盈利情况？请完成本任务的学习。

知识链接

利润表是指反映企业在一定会计期间经营成果的报表，又称为损益表。该表是根据"收入-费用=利润"等式，将一定会计期间（如年度、半年度、月度）收入（利得）与其同一会计期间的费用（损失）进行配比，以计算出企业一定时期的净利润（或净亏损）的报表。

一、利润表的内容和结构

（一）利润表的内容

通常利润表主要反映以下几个方面的内容。

（1）构成营业利润的各项要素，包括营业收入、投资收益、公允价值变动收益（损失）、营业成本、税金及附加、销售费用、管理费用、财务费用、资产减值损失。

（2）构成利润总额（或亏损总额）的各项要素，包括营业利润、营业外收入、营业外支出。

（3）构成净利润（或净亏损）的各项要素，包括利润总额和所得税费用。

（4）构成每股收益的各项要素，如基本每股收益和稀释每股收益。

（二）利润表的结构

利润表一般包括表首、正表、补充资料三个部分。其中表首说明报表名称、编制单位、编制日期、报表编号、货币名称、计量单位等；正表是利润表的主体，反映形成经营成果的各个项目和计算过程；补充资料反映非经常性项目对利润总额的影响。

利润表的格式一般有两种：单步式利润表和多步式利润表。单步式利润表是指将当期所有的收入列在一起减去所有的费用计算得出当期净损益；多步式利润表是指通过将当期的收入、费用、支出项目按性质加以归类，按利润形成的主要环节列示一些中间性利润指标，如营业收入、营业成本、营业利润、利润总额、净利润，分步计算当期净损益。

在我国利润表采用多步式，每个项目通常又分为"本期金额"和"上期金额"两栏。利润表的格式如表10-7所示。

表10-7　利润表

编制单位：　　　　　　　　　　　　年　　　月　　　　　　　　　　　　单位：

项目	行次	本期金额	上期金额
一、营业收入	1		
减：营业成本	2		
税金及附加	3		

续表

项目	行次	本期金额	上期金额
销售费用	4		
管理费用	5		
财务费用	6		
加：投资收益（损失以"－"号填列）	9		
二、营业利润（损失以"－"号填列）	10		
加：营业外收入	11		
减：营业外支出	12		
三、利润总额（损失以"－"号填列）	13		
减：所得税费用	14		
四、净利润（亏损以"－"号填列）	15		
五、每股收益：	16		
（一）基本每股收益	17		
（二）稀释每股收益	18		

二、利润表的编制方法

利润表中的各个项目应根据各损益类账户的发生额分析填列。我国企业利润表的编制步骤如下。

第一步，以营业收入为基础，减去营业成本、税金及附加、销售费用、管理费用、财务费用、资产减值损失，加上公允价值变动收益（减去公允价值变动损失）和投资收益（减去投资损失），计算出营业利润。其中：营业收入＝主营业务收入+其他业务收入，营业成本＝主营业务成本+其他业务成本。

第二步，以营业利润为基础，加上营业外收入，减去营业外支出，计算出利润总额。

第三步，以利润总额为基础，减去所得税费用，计算出净利润（或净亏损）。

第四步，普通股或潜在普通股已公开交易的企业，以及正处于公开发行普通股或潜在普通股过程中的企业，还应该在利润表中列示每股收益信息。

案例分析

【例10-6】南阳公司损益类账户2024年1月发生额如表10-8所示。

表 10-8 损益类账户的发生额

2024 年 1 月　　　　　　　　　　　　　　　　单位：元

会计科目	借方发生额	贷方发生额
主营业务收入		1 199 000
主营业务成本	787 000	
其他业务收入		454 000
其他业务成本	164 000	
税金及附加	426 200	
销售费用	80 000	
管理费用	560 000	
财务费用	79 000	
投资收益		850 000
营业外收入		10 000
营业外支出	40 000	
所得税费用	21 300	

根据以上资料编制南阳金属制造有限公司的利润表，如表 10-9 所示。

表 10-9 利润表

编制单位：南阳金属制造有限公司　　　　　2024 年 1 月　　　　　　　单位：元

项目	行次	本期金额	上期金额
一、营业收入	1	1 653 000	—
减：营业成本	2	951 000	—
税金及附加	3	426 200	—
销售费用	4	80 000	—
管理费用	5	560 000	—
财务费用	6	79 000	—
加：投资收益（损失以"－"号填列）	9	850 000	—
二、营业利润（损失以"－"号填列）	10	406 800	—
加：营业外收入	11	10 000	—
减：营业外支出	12	40 000	—
三、利润总额（损失以"－"号填列）	13	376 800	—
减：所得税费用	14	21 300	—

续表

项目	行次	本期金额	上期金额
四、净利润（亏损以"-"号填列）	15	355 500	—
五、每股收益：	16	—	—
（一）基本每股收益	17	—	—
（二）稀释每股收益	18	—	——

　　利润表各项目均需填列"本期金额"和"上期金额"两栏。其中"上期金额"栏内各项数字，应根据上年该期利润表"本期金额"栏内所列数字填列，如果上年该期利润表规定的各个项目的名称和内容同本期不一致，应对上年该期利润表各项目的名称和数字按本期的规定进行调整，填入利润表"上期金额"栏内；"本期金额"栏内各项数字，除"基本每股收益"和"稀释每股收益"项目外，应当按照相关账户的发生额分析填列。

▐▌ 任务实施

　　请你根据所学知识完成任务描述中永旭公司的会计处理（表10-10）。

表 10-10　利润表

编制单位：　　　　　　　　　　月　　　日　　　　　　　　　　　　　单位：

项目	行次	本期金额	上期金额
一、营业收入	1		
减：营业成本	2		
税金及附加	3		
销售费用	4		
管理费用	5		
财务费用	6		
加：投资收益（损失以"-"号填列）	9		
二、营业利润（损失以"-"号填列）	10		
加：营业外收入	11		
减：营业外支出	12		
三、利润总额（损失以"-"号填列）	13		
减：所得税费用	14		
四、净利润（亏损以"-"号填列）	15		
五、每股收益：	16		

项目	行次	本期金额	上期金额
（一）基本每股收益	17		
（二）稀释每股收益	18		

任务总结

请对本次工作任务实施过程进行总结。

收获与成长	
问题与困难	

任务评价

任务	评价项目	评价内容	评价维度		备注
			自评	他评	
编制利润表	知识学习	1. 能准确地说出利润表的内容和结构（10分）			
		2. 能准确地说出利润表的填制方法（20分）			
	技能训练	1. 能独立且正确地完成"小试牛刀"部分的练习（20分）			
		2. 能独立且正确地完成任务实施（20分）			
	素养提升	1. 按时上下课，并按要求完成课前作业及预习（10分）			
		2. 学习态度端正，积极参与课堂活动，工整、准确地记录笔记（10分）			
		3. 通过利润表的编制，明确会计信息的重要性，弘扬诚信文化（10分）			
	合计				

素养课堂

拒绝会计信息造假——弘扬诚信文化

瑞幸咖啡成立于 2017 年 6 月，以"从咖啡开始，让瑞幸成为人们日常生活的一部分"为愿景，瑞幸咖啡在我国市场迅速扩张。瑞幸咖啡自成立以来，在资本市场创造了多项纪录。2018 年，瑞幸咖啡从试运营到正式运营仅用了 5 个月时间，使其门店的数目达到了 525 家。2019 年年底，其门店数量超过 4 500 家。瑞幸咖啡在短短 2 年时间里成为我国最大的咖啡连锁品牌。2019 年 5 月，瑞幸咖啡在美国纽约纳斯达克成功上市。瑞幸咖啡从成立到上市仅用了 19 个月的时间，成为中国咖啡品牌中上市速度最快的公司，募集 6.95 亿美元，是当年纳斯达克最大的亚洲上市公司。2019 年 7 月，瑞幸咖啡推出了小鹿茶、瑞即购、瑞划算等一系列新产品和策略，并于 2020 年 1 月完成可转债的增发和发行，融资规模超过 11 亿美元。

瑞幸咖啡于 2020 年 4 月 2 日宣布成立一个特别委员会（the Special Committee），根据特别委员会的初步内部调查，认为 2019 年第二至第四季度，与虚假交易相关的销售总额约为 22 亿元人民币，相应的某些成本和费用也因虚假交易而大幅膨胀。消息一经公布，瑞幸咖啡当日股价下跌 75.57%，市值蒸发 49.7 亿美元，每股股价从 26.2 美元跌至 4.6 美元以下。

财务造假是一种严重的道德和法律问题，它不仅会损害企业的声誉和公信力，还会对投资者、合作伙伴和员工造成巨大的损失。因此，企业应从内部控制、员工意识、诚信文化、外部监管和奖惩机制等方面入手，全面提升财务报告的真实性和透明度，树立良好的企业形象和社会形象。

【学原文】

党的二十大报告提出："弘扬诚信文化，健全诚信建设长效机制。"

【悟原理】

会计人员在弘扬诚信文化方面扮演着重要的角色。作为会计人员，首先，要熟练掌握会计准则和法律法规，确保财务报告的真实性、准确性和完整性。在编制和审核财务报告时，要严格遵守相关规定，不弄虚作假，不隐瞒事实，不受利益驱使，保持客观公正的态度。其次，要不断提高自己的专业素养和道德素质，树立正确的价值观和职业道德观。通过学习和实践，不断提升自己的业务水平和判断能力，以更加客观、准确的方式反映组织的经济活动。

参 考 文 献

[1]陈志红. 财务会计[M]. 上海：华东师范大学出版社，2018.

[2]宗绍君，崔维瑜，刘敏. 财务会计[M]. 成都：电子科技大学出版社，2021.

[3]王宗江，张洪波. 财务会计[M]. 北京：高等教育出版社，2022.

[4]财政部会计资格评价中心. 初级会计实务[M]. 北京：中国财政经济出版社，2023.

[5]财政部会计资格评价中心. 中级会计实务[M]. 北京：经济科学出版社，2023.

[6]财政部会计资格评价中心. 经济法基础[M]. 北京：中国财政经济出版社，2023.

[7]全国税务师职业资格考试教材编写组. 税法[M]. 北京：中国税务出版社，2023.